人は語り続けるとき、考えていない

対話と思考の哲学

人は語り続けるとき、考えていない

対話と思考の哲学

河野哲也
Tetsuya Kono

岩波書店

目　次

序章 岐路の時代の対話と思考

可哀そうにプラトンは、内なる光に輝き意味を充塡されてその重みにうち震えている一束の花を見たことがなかったに違いない。薔薇や菖蒲《あやめ》やカーネーションがこれほど激しく意味しようとしていたものが、あ、る、が、ま、まの花の存在そのもので、それ以上でもそれ以下でもないことなど、気付いたためしがなかったに違いない。

オルダス・ハクスリー(1)

1. 対話と会話はどう違うか

あなたは、誰かと対話をした経験があるだろうか。会話ではなく、対話である。よほど特別の事情がない限り、私たちは日常的に会話をしている。駅のキヨスクでチョコレートバ

(1) オルダス・ハクスリー(一九九五)『知覚の扉』河村錠一郎訳、平凡社ライブラリー、一九頁。

ーを買い、会社の守衛さんに挨拶し、職場で同僚と打ち合わせをして、昼食時にショートメールで遠方の友人と近況を伝えあい、帰宅して家族と今日のニュースについて話し合う。このどの場面でも、私たちは会話をしている。そのいくつかは軽いやり取りであったり、ただ楽しむためであったりする。他方、仕事の打ち合わせなどはかなり真剣に、ときに厳しいやり合いをしなければならない。

だが、このどれもが会話であっても対話ではない。

対話とは、真理を求める会話である。対話とは、何かの問いに答えようとして、あるいは、自分の考えが正しいのかどうかを知ろうとして、誰かと話し合い、真理を探求する会話のことである。ただ情報を検索すれば得られる単純な事実ではなく、きちんと検討しなければ得られない真理を得たいときに、人は対話をする。それは、自分を変えようとしている人が取り組むコミュニケーションである。

ショッピングや仕事でのやり取りは、自分の要望と相手の要望をすり合わせようとする交渉である。友人や恋人との会話は、よい関係を保ち、相手を理解し、互いに話を楽しもうとする交流である。これらの会話は有意義かもしれないが、真理の追求を目的としてはいない。対話は、何かの真理を得ようとして互いに意見や思考を検討し合うことである。

私たちは日常生活の中で、ほとんど対話する機会がないのではないだろうか。それは、真理の追求が日常生活で行われなくなっているからである。だが実は、対話をしなければならない場面は、日常生活の中にも、思ったよりもたくさんあるのだ。

仕事場でも、ただ当面の与えられた業務をこなすだけではなく、仕事全体の方向性や意味が問われる場合、たとえば、「良い製品とは何か」「今はどういう時代で、どのような価値を消費者は求めているのか」「環境問題に対して、我が社は頬かむりをしていていいのか」など真剣に論じるべきテーマは少なくないだろう。家庭でも、子どもの教育をめぐって、そもそも子どもにとっての良い人生とはなにか、そのために何を学んでほしいのか、親と子どもとはどういう関係なのか、子離れするとはどういうことか、これらのことについて家族で話し合う必要はないだろうか。地域でも、どのような地域を目指せばいいのか、住人はどのような価値を重んじているのか、以前からの住人と新しく来た人たちはどう交流すればよいか。本当はこうしたことについて膝を突き合わせて対話する必要があるのではないだろうか。

人生に関すること、家族と社会に関すること、政治に関すること、地域での生活のこと、私たちはこれらのことをほとんど対話することなく、日々を過ごしてしまっている。そうした難しい議論は頭のいい人たちに任せて、自分たちはせっせと働き、自分個人の生活だけを楽しめばいいのだ。かつてはこう考える人たちもいた。しかし、そうした態度はすでに限界を迎えている。私たちは、公共の問題にもう無関心でいられないし、自分個人のあり方についても、いろいろな人から意見を聞いて考え直してみたいと思っているのである。

対話は面倒なことなのかもしれない。人の考えはそれぞれが異なっており、とりわけ、話が通じないと感じている相手と話し合うことは、ひどくストレスフルである。

そこで、筆者が思い出すのは、もう三〇年近く前、ベルギーに留学したときの経験である。ルーヴァン大学のある教授による比較哲学のセミナーは、毎週のようにヨーロッパ各地からゲストスピーカーを招いて、講演をしてもらい、そのあとに十分なディスカッションの時間を取るというスタイルのものだった。

ある週は、たしか、スペインの若手研究者によってアリストテレスについての発表があり、その後に質疑応答となった。筆者が驚いたのは、その質疑応答である。古代ギリシャの古典研究の発表であるのに、ある質問者は現代哲学のジャック・デリダの主張を持ち出し、「これに対してアリストテレスならどう答えるのか」と質問した。ある南米からの留学生は、「アリストテレスの哲学は、南米の先住民の国々を侵略したときの擁護論として用いられたが、あなたはこれについてどう弁護するのか」と質問した。ナイジェリアからの留学生は、「アリストテレスの存在論は自分たちの民族で信じられている神の存在論と著しく異なるが、どちらが正しいと思うか」と問うた。日本では考えられない質問たちである。こうした質疑が毎回のように続いた。

発表者たちは、日本ならば苦笑してやり過ごしそうな質問に対しても真摯に答えようとしていた。この質疑応答に見られるのは、同じ土俵に上げることが不可能に思えるような、まったく文脈の違う、まったく枠組みの違う考えであっても、あえて対峙させようとする姿勢である。哲学のテーマは人類に共通するテーマであり、そこに参加する者は、あらゆる違いを携えて（乗り越えてではない）、対話すべきだという態度である。それは、どのような参加者も迎え入れようとする、誰に対しても応答しようとする態度である。

とはいえ、やはり発表者たちはそれほどうまく返答できなかったように記憶している。しかし彼らの発表は、それまででは想像できないほど、空間的にも時間的にも広大な枠組みに投じられ、きわめて異質な意見に出会い、生産的な揺さぶりをかけられたのである。

うかつにも当然視された文脈や慣習から見ればまるで異質であり、一見すると無関係とも言えるような、非常に異なった考え方の人たちが、まったく予想もつかない角度と発想から、突然に議論に参加してくる。その議論は、足元を掬うやっかいな質問に満ちており、唐突な意見が混乱に拍車をかけ、ひとつの問題をまとめ終わらないうちに、さらにお門違いと言いたくなるような主張がなされ、それまでの話の流れが揺り動かされる。まったくの混沌である。しかしこの混沌のなかでこそ、それでも皆で真理を追求しようとする態度のなかでこそ、素晴らしい創造性が生まれるのである。おそらくベルギーという多言語の国家では、こうした議論の重要性がよく理解されている。

後に述べるように、現代社会は、すべての人がそれぞれに真剣に取り組まなければならない共通の課題に直面している。そこで私たちが最初にしなければならないのは、こうした対話である。混沌たる状態のなかでも、皆で問題を共有して真理を追求する対話である。真理に直面しようとしない人々、現実を見つめない人々は、かならず衰退していく。かりに議論の場で共通の結論を得られなくても、互いが思考を深めて、自分なりの意見を持ち帰って、それまでの自分のあり方を変えることができる。今の時代に求められているのは、粘り強い思考を伴った、異質な人々同士の対話ではないだろうか。

2. 人類が直面する三つの岐路

二一世紀も二〇年ほど経った現在、私たちは岐路の時代を迎えている。この岐路をどう選択するか、私たちみんなが参加して、分野や立場を超えて、深く話し合う必要がある。人類を岐路に立たせているのは、環境問題と人工知能、そして社会の分断である。この三つを生み出しているのが、近代的な知である科学とその教育である。人間の発展を約束していたはずの科学とその教育が、人類にとって道を選ぶのが難しい岐路に立たせている。

環境問題の深刻さについては改めて言うまでもないだろう。環境問題とは、人間が環境の回復力（レジリエンス）を超えた大きな負荷をかけ、生物多様性を減じて、最終的に人間自身も含めて地球上の生命の貧困化をもたらすことである。とりわけ、地球温暖化は待ったなしの状態にまで達している。地球温暖化によって、海面上昇、洪水の増加、強力な台風の増加、食料と水の不足、生態系の劣化、熱波の増加といった現象が生じる。(2) その危機を示す「人新世」という概念まで登場している。(3)

人新世とは、産業革命以降活発になった人間活動が、地球の気候条件を規定する支配的な要因になっていることを指摘した概念である。産業と結びついた科学技術が、人間に自然環境から資源を自分たちのためだけに収奪する方法を与えた。地質学的な時代の変化には、生物種の大量絶滅が生じている。人新世は、人間を含んだ生物種の大量絶滅への予感を漂わせる黙示録的な概念と言ってよいだろう。

環境問題を議論する段階は終わり、環境の回復を最初から前提とした文化文明を世界規模で構築し、環境保護を基本にした緑の政治を実践していく段階になっている。しかしこの問題に関する人間の自覚はまだ鈍く、国際的な連帯も不十分である。大人たちの対応に失望した若者たちは、「機構のための世界ストライキ」を敢行し、主催者側の報告では、二〇一九年五月二五日のデモには、一二五カ国で約一八〇万人が参加したという。人間は、地球にとって寄生生物になってしまったかのようだ。寄生生物は、宿主から利益を得ながら、宿主を濫用して害を与え、結局は宿主も自分も滅ぼしてしまいかねない。

二つ目は人工知能(AI)の発達である。ディープ・ラーニング、ビッグデータ、ロボット工学など、近年、人工知能分野は急速に発展している。近いうちに、人工知能の能力が想像を超えた変化を文明にもたらす「技術的特異点(シンギュラリティ)」がやってくると予言する者もいる。人工知能はあまりに賢いので、人間を不要にしてしまうと危惧する研究者もいる。しかし私はこの危惧は杞憂だと思う。人工知能は生き物ではなく、欲求も感情もなく、自発的・自律的に生きることがない。したがって、人間と同じ心を持つ人工知能は実現しそうにないし、人工知能は人間の代わりにならないであろう。

しかし問題は人工知能そのものではない。高度な人工知能が使用されることによって、社会の姿がこれまでとは大きく変わってくることが問題なのである。とくに影響を受けるのは職業であろう。オックスフォード大学のC・B・フライとM・A・オズボーンは、「雇用の未来」と題した論文で、人工知能とロボット工学の発展によって現在の仕事がどのようにコンピュータ化されるかという予測を行った(4)。それによれば、ホワイトカラー職であっても定式化され、形式的・機械的に処理できる仕事

(2) 江守正多(二〇一三)『異常気象と人類の選択』角川SSC新書。
(3) ガイア・ヴィンス(二〇一五)『人類が変えた地球——新時代アントロポセンに生きる』小坂恵理訳、化学同人。
(4) Frey, C. B. & Osborne, M. A.(2013). "The future of employment: How susceptible are jobs to computerisation?" Oxford University Programme on the Impacts of Future Technology, *Technological Forecasting and Social Change*, vol. 114, issue C, pp. 254–280.

は、今後コンピュータによってとって代わられていく。逆に、コンピュータ化が難しいのは、複雑なコミュニケーションを必要とする仕事や、柔軟で臨機応変の対応が求められる職種、創造的な知的活動が求められる役割である。人間が担当する仕事はこれらに限定されてくるという。

実際、この予測はすでに実現されつつある。銀行ひとつ見ても、かつての窓口業務の多くがウェブ作業やATMで代行され、支店が次々に統廃合されている。「AI社会」とは、人口知能ではできないことが重視される社会でもある。創造性、創発性、身体性、個性、感性、コミュニケーションといったものが職場において、今よりももっと求められるようになる。この変化は、ある意味では歓迎すべきことである。なぜなら、人間は機械にできる仕事は機械に任せて、より高次元でクリエイティブなこと、すなわち人間的なことに集中できるようになるからである。しかし、現代の教育界と産業界がこの変化に対応できているであろうか。AI社会にうまく適応し、より自由により活動的に生きる人間が出てくる一方で、機械に仕事を奪われ、自尊心も奪われていく人々が出現しないだろうか。

三番目の社会の分断については、さまざまな地域と国において、とくに先進国において、現在、二つの傾向に社会が分断されていることを指している。

ひとつは、社会を閉鎖し、異質な他者を排除しようとする傾向であり、もうひとつはその反対に、社会を開放し、より多様な他者を受け入れようとする傾向である。現在、多くの先進国で、移民や性的・民族的・文化的なあらゆるマイノリティを排除し、保護貿易政策をとり、伝統的な宗教や保守的な思想を称揚し、進歩や変化を拒否しようとする傾向が強まっている。こうした傾向は、たとえば、米国の移民排除と保護貿易主義、英国のEU離脱、欧州におけるEUの分裂と右翼政党の躍進に見ることができる。各国で排除と閉鎖の傾向が強まり、各国民は互いに軽蔑し始めている。日本においても、外国籍の人々へのヘイトスピーチ、障害者や患者の殺傷事件が連続して起こった。そして日本人は犯罪者に対して極端に排除的である。重大な罪を犯したり、ルールを破ったとみなされる人にはもはやいかなる共感も慈悲も与えられない。国際的な批判にもかかわらず死刑制度を改める気配がないばかりか、さらに厳しい罰則で報復することが是とされている。ネットでの「正義」による「悪者」たたきの傾向も強まるばかりである。

他方で、こうした動きに対抗しようとする人々がいる。彼らは、閉鎖的で排他的な人々に強い怒りを帯びた批判を浴びせる。二つの集団の溝は埋まるどころか深まるばかりである。これが社会の分断である。この分断がかつての左右のイデオロギー対立と異なるのは、グローバリゼーションを批判する「進歩的」ないし「左翼的」と呼ばれる言説が、この排除と分断の傾向に根拠を与えかねない点にある。

この排除と閉鎖の傾向は、先進国社会で格差が進行していることと密接に関係している。単純化して言うならば、自分たちは社会の中で下位に位置づけられている、あるいは不必要な存在になっていると感じた人々の一部が、自分よりもさらに弱い他者に対する攻撃や排除を行っている。彼らは、自分たちが社会の求める基準に達していないと考えて自らを恥じ、その見たくない部分を外部の弱者に投射し、他人を貶めて自分の地位を維持できると考えている。彼らは、移民や障害者、女性、性的マイノリティといった他者に対して、ステレオタイプなイメージしか持てていないが、それはそれだけ彼らが人々とうまく接することができず、社会から阻害されている証である。排除と閉鎖は、人間に対してだけではなく事実に対しても及び、自分の信念や意見を変更するような事実に関しては目を塞いでしまう。排除と閉鎖を望む人々は、事実には興味はない。世界の現実と自分たちの真の姿を見据えるには、彼らは追い込まれすぎているのである。

環境問題、人工知能、社会の分断という三つの問題は、それぞれ自然、技術、社会という三つの領域に対応している。自然への寄生をやめ、環境を豊かで健康に保ち、人間の暮らしも今とは別の形の豊かさと健康を得るのか、それとも現在の産業社会を継続し、自然環境も人間の暮らしもひどく貧しく不健康にして、地球規模の破局を迎えるのか。人工知能や情報工学の発展によって、誰もがより創造的で自由で人間らしい仕事と生活を営めるようになるのか、それとも情報技術をうまく利用し使いこなせる者とそうでない者のあいだで、経済的・社会的な格差が広がる社会になるのか。社会の階層化が克服されてより包括的な社会が実現されるのか、それとも、社会階層と地域格差が固定化し、ひとつの社会の中で分断の溝が修復できないほど深まり、憎悪と嫌悪が蔓延する社会となるのか。三つの領域において私たちは大きな岐路に立たされている。状況を見れば、悲観的になる方が容易である。

3．科学の専門化がもたらす分断

この岐路を作った根本原因は何であろうか。それは、しばしば指摘されるような近年のグローバル化や自由主義経済だけにあるのではない。より根本的には、近代以降の知のあり方、すなわち、科学による分野化と専門化にあるのではないだろうか。科学は、文字通りに「科」学であり、専門分野に細かく分かれていく傾向がある。世界を専門分野ごとに分類して、それぞれの分野で知識を蓄積し、世界を技術的に操作しようとする。技術的な操作が普及するようになると、それが産業として成り立っていく。

現代社会は、科学的な知に根本的に依存した社会である。科学の専門化に対応するように、人間の社会も専門性によって分断され、ある分野の知識をどれだけ獲得したかで序列が生じてくる。グローバル化や自由主義経済は、この傾向を加速させることは間違いないが、現代社会の格差の根本原因は、科学的な知のもつ専門化という傾向そのものに根ざしている。

もちろん、この指摘は目新しいものではないどころか、これまで幾度となく、さまざまな分野で繰り返し指摘されてきた。しかしこれらの警告にもかかわらず、社会の趨勢は専門化を科学的知識の優れた点として称揚し、その負の側面はせいぜい注意を払うべき副産物にすぎないとして理解してきた。

だが、右にあげた三つの問題の深刻さは、これからの知のあり方を根本で方向転換しなければならないことを示している。近代的自然科学に含まれる自然観は、自然を分解して利用する道をこれまでにないほど推進した。自然を分解不可能な粒子と自然法則という観点のみで捉えるならば、生態系という全体的・相互作用的であり、かつ個別的・個性的である存在は見失われてしまう。生態系は、ひとつの専門分野だけによっては捉えられない複雑で複合的でダイナミックな存在である。分析的・分解的な近代的自然観は生態系としての自然を蔑《ないがし》ろにし、それが環境問題を生み出してきた。環境破壊は近代的自然から生み出された、しかも近代的自然観によっては解決できない問題なのである。

人工知能が科学の産物であることも説明するまでもない。しかし有意義で有能なツールとなるはずの情報テクノロジーも、そのリテラシーの有無によって、否応なしに人々の職業と生活に大きな影響を与えてしまう。一般の消費者は、社会に導入されるテクノロジーを根本のところで選択することができない。せいぜい、商品化されたテクノロジーに小さな好みの違いを反映させるだけである。スマートフォンのデザインや色や小さな機能の違いは選べても、そこでやり取りされる情報がどのように利用されているのか、そもそもこうした情報化は必要があるのかについては、誰にも問われることなく導入されてしまう。そして、新しいテクノロジーをどれほどうまく使いこなせるかによって、社会における格差がまた生じてしまう。

右で論じた社会における排除的で閉鎖的な傾向は、教育の格差と強く結びついている。何かの専門性を持つほどまでに、あるいは新しいテクノロジーをうまく利用するほどの科学リテラシーを身に着けられなかった人々は、雇用が不安定になる。世界全体の動向を読み解くのが難しいゆえに、社会の変化に大きな不安を覚える。これまでに身につけたスキルは、新しいテクノロジーの出現で無効になることもある。高度な教育を受けられる地域とそうでない地域では、教育の格差が再生産される。こうして教育を十分に受けられなかった社会階層や地域では、排除・閉鎖的な傾向が強まっても不思議ではない。

かつて教育は、血筋や地域による伝統的な階層差を平準化するシステムであった。それがいまや教育こそが、格差を生みだす元凶になってしまっている。科学の専門性は、社会の中で分野ごとに一種の壁を作るだけではない。その専門性がどれほど高度であるかによって社会を階層化してしまう。高度に専門化した科学的知識の獲得と産業社会への適応を基準として子どもを教育するならば、社会を階層的に序列化し、それを固定することになる。というのも、既存の知識を伝達することを主にした教育は、それを獲得するのに有利な層とそうでない層の分離を助長するからである。近年日本では、学歴と社会階層の相関関係と、その世代的な固定化の問題が指摘されている。この事実は、十分な教育を受けられない、あるいは身につけられない人々を絶望させるだろう。教育による階層化は、大都市圏と地方の格差、各地域における都市部と農村部の格差という入れ子の形をとって進行する。同じ現象が世界各地で普遍的に見られることは、現在、私たちが日々マスコミで目撃している通りである。またさらに同じ都市部では、民族や人種の違いによって、経済格差や政治的格差が固定化されようとしている。

こうして、さまざまな場所で生じている格差は、人々を深く分断する。国家間、首都と地方の間、人種と民族の間、宗教の間、学歴の間、世代の間で深い溝が生じて、世界各地で修復の難しい激しい対立と排除が起きている。

4. 対話的全体性の回復

哲学は、科学とは異なる知のあり方をしている。古代のアテネでソクラテスがソフィストの知識の妥当性を問い質したように、哲学は既存の知識の再検討を主な任務としている。それは、社会に存在している常識や知識や技術を、人間の根本的な価値に照らし合わせてあらためて検討することである。哲学は社会に既に存在している知識に対して、距離をとって判断する「メタ」の立場をとる。その意味で、哲学はもっとも素朴であると同時に、もっとも高次の視点から世界を捉える学問である。その際に哲学がとるべき視点は、いかなる専門家からでもない、いかなる職業や役割からでもない、ひとりの人間ないし市民からの視点である。哲学という学問がもっとも一般的であり、特定の分野に拘束されないという特徴はここから来ている。

しかしながら、一九世紀になって哲学が大学の一専門分野として講壇化されてからは、哲学は他の科学と同じく一種の専門科学であろうとしてきた。西洋という文脈で言えば、講壇化は、哲学の専門家を生み出し、彼らが哲学を市民に教育するというスタンスを生み出した。専門家であり教える側であるという大学人としての立場は、哲学者のアイデンティティにすらなっていった。

一八世紀の啓蒙主義の時代の哲学と、一九世紀以降の現在までの講壇化した哲学の大きな違いは二つあるように思われる。ひとつは、後者が、専門用語を駆使するようになり、難解になり、それ以前の理論についての知識なくしては理解できなくなったことである。古代ギリシャの哲学でも、あるいは、啓蒙時代の哲学、たとえば、ルソーやロック、アダム・スミスでもいいが、平易な日常の言葉で書かれ、ある程度の教養のある人間ならばその内容を理解するのに前もっての知識はいらない。どの哲学者でもその根本的思想をきちんと把握するのは容易ではないとしても、一八世紀の啓蒙主義の哲学者の著作を読むのに事前の知識はいらない。これに対して、一九世紀以降の哲学は、専門化し、それを理解するのには長い専門知識の集積を要求するようになった。二〇世紀の二つの現代哲学の潮流、分析哲学と現象学も同じである。それぞれの潮流の専門用語は特殊な意味を帯び、哲学者の間でもそれを共有できなくなっている。互いに互いの理論的前提が受け入れられずに、学派によって没交渉となる時代が続いた。これは学問としては精緻化を意味するが、哲学という学問の役割を考えたときには、入ってはならない隘路に踏み込んでしまったのではないだろうか。

もうひとつの違いは対話的な側面の消失である。古代哲学の対話篇についてはいうまでもないだろう。一八世紀までの近代哲学は、対話を内容としている著作がじつに多い。著名な哲学者の著作集の多くに、「対話」あるいは往復の「書簡」と題された作品が含まれている。ルソー、ダランベール、ディドロ、ヴォルテール、ロック、バークリー、ヒューム、ゲーテ、ライプニッツなどをあげれば十分であろう。その書簡の多くは、教養のある一般人との対話である。デカルトのエリザベト王女との書簡集は読み応えのある哲学的な対話である。しかし、一九世紀、とくに二〇世紀以降は、対話や書簡は、完成された哲学論文と比較して二次的で資料的な意味しか持たないと考えられるようになり、ましてや一般人との対話など大学の講義で行えばよい程度の扱いになってしまった。

これは、大学を中心とした近代的な知の編成に、哲学も飲み込まれたことを意味している。しかしこれにより、私たちは重大な、失うべきではない知的な営みを蔑ろにしてきたのではないだろうか。自然科学の実証主義的な研究手続きが定着するにつれて、真理は専門家だけによって見出され、一般の人にはただ教育されるだけのものになってしまった。理論を検証し反証するという科学的な過程のなかには非専門家が入り込む余地はなく、専門家同士の対話でさえ、せいぜい追試過程の一部となるだけである。知の専門化は、対話を無用のものとした。そうした専門知をバックにした政府や行政の振る舞いは、一般人に耳を貸さない問答無用のものとなっていくのは当然であろう。

本書において考察し、復権させたいのは対話とそれによる思考である。対話は全体性を復元する協同作業である。ここでいう全体性とは、各分野に分断される前の知の全体性であり、ただ専門性によってではなく、人間が人間としてつながる全体性である。社会の全体性ということで誤解をしてほしくないのは、それが画一性や均一性を意味しないことである。対話的な全体性とはむしろ個人の差異化を意味する。対話は、独立の存在の間でしか成り立たず、異なった考えの間でしか成り立たない。しかしそれらの独立の存在は、対話というひとつの事業に関与している。これが対話による人間の結びつきの特徴である。対話は、振る舞いを管理し、画一化することなく、人々を共通のテーマによって架橋し共同させる。

荘子による逸話に、目、鼻、耳、口の七孔が無い帝として、渾沌が登場する。他の帝たちが渾沌の恩に報いるため、渾沌の顔に七つの孔をあけたところ、渾沌は死んでしまったという、あの有名な話である。これは、全体的なものに分類的な秩序(目鼻口などの感覚的分類)を無理に与えると、その全体の命が失われることを示唆したものと解釈できるだろう。「科」学は、渾沌に目口を開けてしまったのではないだろうか。哲学における対話の伝統は、渾沌を蘇らせるためのものである。

現代の岐路において、良い方向に私たちの人生と社会を向かわせるには、専門化による分断を、対話によって縫い合わせる必要がある。あらゆる現代の知の中に対話を組み込み、社会の分断と人間と自然の分断を克服しなければならない。こうした根本に交流を有した知こそが、真の意味での教養と呼ばれることになるだろう。

5.「哲学カフェ」「子どもの哲学」——哲学対話の興隆

しかし一般の人々はすでに対話の重要性について気がつき始めている。二〇一一年の東日本大震災とそれに続く原子力発電所の事故をきっかけに、多くの日本人は、自分の人生の価値について深く省みるようになった。人々は、福島の原発事故への対処をめぐって、政治、行政、企業、科学の専門家に対して強い不信感を持つに至り、科学技術のあり方や自分たちの地域のあり方、現代文明の未来像について専門家とされる人々に安易に委任してしまうことの問題を知るようになった。

それ以降である、東北地方を中心に「哲学カフェ」と呼ばれる自由な対話の場を市民が次々に設けるようになったのは。哲学カフェは、一九九〇年代初頭のフランスで生まれた。カフェに市民があつまり、哲学的なテーマについて自由に論じ合う集会である。東北地方では、当初は大学の教員がカフェを組織していたが、すぐに市民が自分たちで、震災と原発事故をめぐる根本的な問題について語り合うようになった。災害により平穏な人生を奪われた人々は、これからの自分と家族の人生のあり方や価値観について考え、エネルギー問題を含めて社会と政治のさまざまな問題について自分たちで根本的に議論する必要を感じたのである。

重要な決定には、権威に一方的に依存するのではなく、一般市民が関与しなければならない。政治的自律性を求める気運の中で、哲学的な対話が希求された。哲学カフェは政治的な意思決定のためだけに行われるのではない。それ以前に、自分たちが直面している問題を根本まで掘り下げ、自分たちがどのような価値観からこの問題に相対しているのかをまず理解するための活動である。哲学カフェはまたたくまに全国に広がり、現在では数え切れないほどのカフェが自主的に運営されている。

時期を同じくして、学校や課外活動で、子ども同士が哲学的なテーマについて話し合う「子どもの哲学」と呼ばれる新しい教育が、日本のさまざまな場所で行われるようになった。とりわけ、小さな子どもを持つ親たちは、あいも変わらぬ記憶中心の学校教育に失望し、考え、議論する力を自分の子どもには持ってほしいと考えている。対話することが思考を刺激することを、子どもの親たちは直観的に知っている。哲学など抽象的なことには関心を示さないと言われていた小学校の低学年の子どもでも、「生きるとは何か」「賢いとは何か」「心はどこにあるのか」「普通とは何か」「時間に終わりはあるのか」などといったまさしく哲学的なテーマについて関心を持ち、大人とそれほど変わらない次元の議論を展開する。

子どもの哲学とは、子どもに哲学の知識を教えることではまったくない。子ども同士で哲学的なテーマについて対話しあい、教員や親といった大人も子どもと一緒に真理を探求するのである。子どもの哲学の歴史は、哲学カフェよりも長い。子どもを対象とした対話型の教育が試みられたのは、一九二〇年代におけるヘルマン・ノールやレオナルト・ネルゾンといった哲学者の活動に遡ることができ、アメリカの哲学者であるマシュー・リップマンは、七〇年代初頭に「探求の共同体」という対話的な共同学習の方法を作り出し、子どもの教育に着手した。爾来、いくつもの国際学会が組織され、世界各地で実践がなされている。

哲学カフェやサイエンス・カフェ、子どもの哲学、地域の問題を根本的に論じる対話、企業での哲学的な対話、対話による人生相談（哲学コンサルティング）、これらの活動をまとめて「哲学プラクティス」と呼ぶことがある。哲学的なテーマについて自由に論じる活動は、「哲学対話」と呼ばれるようになった。

哲学プラクティスとは、「おもに対話という方法をもちいながら、哲学的なテーマについて共同で探求する実践的な活動」として定義されるが、国際的にはすでに数十年の活動の実績がある。日本国内でも、数年前に、全国規模の実践者の連絡会が組織され、哲学プラクティスに関連する事項を研究する学会も設立された。マスコミでもしばしば取り上げられるようになり、教育用のテレビ番組もシリーズ化された。中等教育でも関心を持つ学校が増え、探求型の授業に取り入れられている。

哲学対話に関心を持つ人は、さまざまな世代に渡っているが、とりわけ、若い世代や、子育てをしている世代に多い。かれらは、自分たちと自分たちの子どもの世代が直面している分断の問題には、これまでとは大きく異なった構想で取り組まねばならないこと、そしてそのために市民的な連帯を深めなければならないことに気がついている。若い親世代は、自分たちが受けたものとは異なった、思考やコミュニケーション、探求活動に重きをおいた教育が必要であることをよく理解している。哲学対話が求めているのは、他者とともに真理を追求し、他者とともに人間の世界を組み直していくことである。科学は、世界の事実については知識を提供してくれても、価値や意味に関しては沈黙する。そうではなく、哲学対話では、他者とともに共同の世界を作り出していく知が求められている。

対話による共同的な真理探求は、アカデミズムを超えて、市民が自主的に発展させている知的な活動である。本書は、いまだにささやかでしかないこの活動に、近代的な科学がもたらした分断という弊害を癒やしていく希望を見出そうというものである。

哲学と対話とは切っても切り離せない関係にあるにもかかわらず、対話をテーマとした哲学書は多くはない。実は心理学や認知科学においても、臨床的な分野以外では、対話を扱う研究は多くはない。また思考についても、哲学においては推論や論理、認識をテーマにした研究はあっても、思考という人間の活動そのものをテーマとした哲学書は、意外にもあまり見当たらない。それは思考という活動が、単純に個人の中の推論的な能力だけで成り立っているのではなく、他者との対話や共同作業を通じて発揮される本来、複合的な能力だからである。

そこで本書では、対話がどのように進展するのか、思考しているとされるときには人間は何をしているのか、対話と思考はどのように関係しているのかについて、実際の哲学カフェや子どもの哲学の現場で記録されたことを頼りに論じていくことにする。本書はそうして、対話と思考の体験を記述し、それが進展する過程を明らかにして、最終的に人々の分断を回復する対話の文化を打ち立てることに貢献したいと考えている。

第1章 ソクラテスは問答で何がしたかったのか

死にうるために生きる、歓ぶことを苦しみ、苦しむことを歓ぶ、もはや何も言わないために語る。「非」とは、知らないことの情熱的受苦を目的とする――ないしはみずからの目的の否定とする――ある認識の媒介項である。

ジョルジュ・バタイユ(5)

1. 子どもは哲学者

現在、日本のさまざまな学校で「子どもの哲学」という教育活動が実施されるようになった。「子

(5) ジョルジュ・バタイユ(一九九九)『非-知――閉じざる思考』〔新訂増補〕西谷修訳、平凡社ライブラリー、一〇一頁。

どもの哲学」は、やや簡略化した言い方であり、国際的には「子どもとともにする哲学的探求」、あるいは、「子どものための、ともにする哲学」という名称が一般的である。しかし本書では、これらの名称の意味するところを受け継ぎつつ、「子どもの哲学」という呼び名を用いることにする。

子どもの哲学は、すでに世界ではかなり普及し確立した教育方法であり、近年日本においても驚くようなスピードと勢いで広まり、浸透しつつある。

子どもの哲学とは、子どもどうしが哲学的な問いについて対話する活動である。中学高校の生徒はもちろん、小学生やさらに年少の子どもたちが、「愛とは何か」「知ることとはどのような価値があるのか」「無は存在するのか」「死とは何か」などの、まさしく哲学的な問いについて熱心に話し合いをする。その議論の内容は、大人のそれとほとんど変わらないどころか、専門用語を使わないという点を除けば、専門家のそれにも遜色ないものに到達することすら稀ではない。何よりも、子どもたちはそうした話をするのが好きなのだ。子どもは哲学者である、という言い方はかなり人口に膾炙しているが、陳腐化してはいても相変わらずまったく正当な意見なのである。

子どもの哲学がいつ始まったのかをはっきりと確定することは難しい。一九二〇年代初頭にソクラテス的な問答法を大学のみならず初等中等教育に取り入れた、レオナルト・ネルゾンの活動にさかのぼることができるだろうし、現在、世界に広まっている教育法としては、一九七〇年代はじめにアメリカの哲学者、マシュー・リップマンが開始した〝Ｐ４Ｃ(Philosophy for Children)〟と呼ばれる運動に直接の起源がある。

他方、日本においても、ネルゾンと同じ一九二〇〜三〇年代に、大正新教育運動の中で子どもに哲学的な教育をさせる活動が開始されていたとされる。(6) 生活綴方運動にも、子どもの哲学と趣旨を同じくする側面があったと言えるかもしれない。東北大学教授だった林竹二は、ソクラテスに着想を得た対話型の授業を、すでに一九六〇年代に全国の小学校で実践していた。ただしこれらの教育活動は、資料が示す限りでは、現在普及しているP4Cとはかなり異なった方法に基づいていたと言ってよいだろう。

これ以外にも、哲学的な対話による教育は、世界の歴史のなかに無数に存在していたに違いない。ここで注目したいのは、この活動がいつ、どこではじまったのかではなく、歴史上、そしてさまざまな地域において哲学的な対話による子どもの教育が存在したという事実である。

2. 子どもの哲学がもたらす不安

このように、対話型の哲学教育が綿々と存在してきた事実にもかかわらず、現在、子どもの哲学は、大人にとって、そして教師にとって、ある種の衝撃を持って受け止められている。そこには二つの理由があると思われる。

(6) 冨士原紀絵(二〇一九)「日本の教師による子ども哲学の源流」お茶の水女子大学附属小学校、NPO法人お茶の水児童教育研究会編著『新教科「てつがく」の挑戦――〝考え議論する〟道徳教育への提言』東洋館出版社、一四二―一四三頁。

ひとつは、子どもがそれほどまでに哲学の議論ができるとは思わなかったという、子どもの発達についての意外性だ。子どもの質問がしばしば根源的で哲学的であることは、大人の多くが気づいている。「なんで生き物は死ぬの」とか、「何にでも名前はついているの」「宇宙に終わりはあるの」などといった幼少の子どもの問いに答えられずに、うやむやに済ませてしまった経験を持つ大人は少なくない。しかしその問いについて子どもに対話をさせると、大人が思いつくのと同じほどの回答が出されることに、私たちは驚くのだ。この衝撃は筆者もよく理解できる。教育心理学がこれまで仮定してきた発達のモデルを変更しなければならないかもしれない。

だが、もうひとつの大人にとっての衝撃とは、子どもと対等な立場で対話をするということへの拒否感である。かなりの数の大人が、子どもと議論することを好まない。かなりの割合の教師が、児童生徒と一緒になって探求することに尻込みをする。

どうして教師は、哲学的な対話を避けたがるのだろうか。さまざまな理由があるだろう。授業負担が増えたり、新しい授業方法を身につけなければならないことへの心配。さらに、学校から、さらには政府から、タイトな教育スケジュールが要求されているのに、時間がかかる探求の対話をしている余裕などあるのだろうかという疑問。これらはもっともなことである。しかしそれだけではない。自分が子どもと同じ立場に立ち、解答が与えられていない問いに向かい合うことの不安。そうした対等の立場での対話において、自分は教師という立場であり続けられるのだろうかという不安。哲学的なテーマの対話は簡単に結論が出そうにない。終わりのない対話にはどのような意味があるのか。結論の出ないようなオープンな議論にはどのような目的があるのか。こうした疑念が浮かんでくるのだろう。

子どもの哲学に拒否感を示す哲学研究の専門家も少なくはない。単純に話し合いに加わるのが好きではないという人は、さておこう。しかし、専門家が苦労して積み上げてきた学説、自分がひどく努力してやっと理解できた学説、そうした専門的なレベルで学説研究を行うことこそが、「真の」哲学であり、学問である。単なる人生観や世界観を漠然と論じ合うような哲学は、哲学の入り口にしかすぎず、学問としての哲学と呼べるようなものではない。このように考える哲学研究の専門家は少なくない。しかしそれをはっきりと表明する専門家もほとんどいないことも面白いところである。おそらく彼らは分かっている。自分が懸命に学び、理解しようと努めてきた「大哲学」の学説は、子どもであっても真正面からひとつひとつ、その主張の真偽を検討してしまえば、恐ろしく穴の多い主張にすぎないことを。時代を画するような学説を提示することや、独創的な考えを打ち出すことはひどく難しい。古典にはそのような独創が溢れている。しかし他方、その主張を維持しつづけるには、それらの学説はあまりに脆くもあるのだ。私たちは過去の学説から素晴らしいインスピレーションやヒントをもらうことも多い。それゆえに古典の研究はたしかに意義を持つのだが、古典をトータルに弁護するには、一般の人々にはもはや知恵と教養がありすぎるのである。

以上の子どもの哲学に対する疑義と不安は、教育や研究のあり方、自分の社会的立場や職業人としての位置、子どもとの関係、社会が求める目的と効率などのさまざまな問題に関わっているだろう。しかし私が以下で論じたいのはそういうことではない。これらの疑義と不安と問題は、すべてひとつのことから生じてきていること、そして、ここにこそ哲学と対話の本質が関わっているということである。

３．哲学に素人などいない——思考の民主化論と自由の文化

子どもの哲学は、哲学プラクティスの一種である。哲学プラクティスとは、対話を基本的な方法とした実践哲学のことで、哲学カフェ、哲学カウンセリング、ネオ・ソクラティック・ダイアローグ、美術の対話型鑑賞、哲学ウォークなどが含まれる。私は、サイエンスカフェもその中に含めるべきだと思っている。

さて、子どもの哲学を含めて、哲学プラクティスと呼ばれる実践は、従来の専門的な哲学研究と比較してどのように捉えられているだろうか。従来の哲学研究は、過去の重要な哲学者たちの文献を解釈し、その思想を理解し、あるいは思想史的に捉え、それに基づいて自分の哲学を構築するという立場をとってきた。これは大学で教育される講壇哲学だと言ってもよいだろう。こうした専門的な哲学研究に比べて、子どもの哲学はどのように捉えられるだろうか、あるいは、どのように捉えるべきなのだろうか。

私には三つの見方があるように思われる。最初の二つは、それに賛成であれ反対であれ、理解しやすいものである。

ひとつめは入門論である。すなわち、哲学ではそれまでの大哲学者たちが考え方の大枠を提示しており、これらの大思想と格闘し、それを乗り越えない限り哲学としては意味のあるものにならない。

平凡な個々人による対話的な実践は、この大哲学者の思索の範囲を超えることはない。そうした活動に意味があるとすれば、これらの大哲学に近づくためのよき導入となったり、大哲学を日常生活に応用するときのよき方法となったりするときである。

こうした考えにおいては、哲学とは知識の体系であり、哲学を学ぶ者は先哲の知識を理解し、その考え方を習得し、先人と同じレベルに到達することが重要だとされる。しかし先哲を超えて新しい考えを構想することはほとんどの人間には困難であり、少数の才能のあるものだけがそれをなしうる。主な方法は文献講読であり、同じ専門家の間で批評的に読み解く作業を積み重ねるべきだとされる。

この最初の考え方は、子どもの哲学を実施している人たちの間ではほとんど支持されていない。そこで、第二の見方は、思考の民主化論である。

この考え方によれば、専門家によるアカデミックな哲学のパラダイムは、厳しい言い方をすれば、圧政的な知のあり方である。ディープ・エコロジーの提唱者として有名なアルネ・ネスは、一九三八年に『職業的な哲学者ではない人にとっての「真理」』[7]という著作において、数多くのインタヴューをもとにして、哲学の専門家が定義する「真理」の概念は専門家だけのものであり、一般の人々はそれとは異なるさまざまな真理概念をもっていることを実証的に明らかにした。真理というごく一般的な言葉について、専門家こそが唯一の正しい定義を与えることができ、一般人のさまざまな意見は誤

（7） Naess, Arne (1938). *"Truth" as Conceived by Those Who Are Not Professional Philosophers*. Advanced Reasoning Forum.

りだなどという権利を、いったい誰がもっているというのだろうか。専門家の真理概念やそれをめぐる議論は、一般人の多様な真理概念を無視してはじめて成り立っている。近年の実証哲学という分野では、職業的な哲学者の概念理解や議論が、いかに一般人のそれらと乖離した独断的なものになっているかを実証的に示した研究が数多くある。

哲学対話は、「大哲学者」の信奉者が唱えるパラダイムに回収されない思考のあり方を発展させる可能性をもっている。子どもがふと口に出した言葉が、これまでの「大哲学」が提供する概念や理論とは異なる方向性に、私たちの思考や議論を導いてくれるかもしれない。子ども同士の話しの中で生まれた物語の解釈が、新しい文学の読み方を教授してくれるかもしれない。子どもたちや一般の人たちの言葉遣いを徹底的に尊重することで、伝統的な哲学の用語法が私たちから奪ってきた思考の多産性を回復できるかもしれない。

子どもの哲学の使命は、個々人の発言や思考を大切にすることで、子どもが語り考える知的な自発性を育むことだけにあるのではない。それだけであるならば、入門論も大いに賛成して、同じことを主張するに違いない。思考の民主化論は、対話の過程ではからずも生じてくる創造性と創発性（ここでいう「創発性」とは、複数の人々が対話することによって、個々人では思いつかなかった新しいものが生まれることを指すことにする）を育むことによって、これまでとは異なったひとつの文化に貢献しようとするのである。

その新しい文化とは、知とは、誰もが従うべき絶対の権威として存在するべきではなく、どのような知であれ、一人一人が相対している具体的な現実との関わりによって問題化され、理解され、活用され、変革されなければならないという考えに立つ。哲学とは、「大哲学」に教えを乞い、それに帰依することではない。人は他人の人生を生きることができないように、哲学が借り物であることはできない。哲学とは学説ではなく、人が人間としての人生を生きるその生き方に他ならない。人間は自分の考えた哲学を生きている。哲学が探求であり模索であるのは、各人が各人の人生を生きることそのことが探求であり模索であるからである。探求と模索は、人生が自由であることの証である。人は自分独自の哲学を生きる。自分が自分の人生を生きることこそがひとつの哲学の創造なのである。

したがって、哲学には専門家と素人といった区別などありえない。あえて言えば、哲学に素人はいない。自分の人生の素人などいないからである。誰もが生きていく中で、かならず何かの哲学的な問いをもつものだし、誰もがその問いに向き合い、自分なりの態度を決めざるをえない。私たちが哲学対話という活動をやっているのは、自分の哲学を見出すためである。だから、誰もが自分の人生の専門家であり、自分の生き方の専門家なのだから、哲学について自分は専門家だとか、自分は素人だから哲学の問題に責任はありませんということはできない。物心がついたときから死ぬまで、人は哲学者であることから逃げることはできない。哲学対話では、まさに誰であれ、ひとりの哲学者として相手と相対さなければならない。相手から問いかけがあるたびに、相手の考えを聞くたびに、図書館所蔵の大哲学書のページをめくって正解を探すことなどできないからだ。

第二の考え方に立った文化を「自由の文化」と呼ぶことにしよう。自由の文化は、意欲に基づいている。これに対して、入門論の考えに立った文化を「依存の文化」と呼ぶことにしよう。依存の文化は、不安に基づいている。自由の文化は、自らの死を前提に人生を企画する態度である。依存の文化は、死を忌避しようとする態度である。

思考の民主化としての子どもの哲学は、シチズンシップの問題と直接に結びついてくる。ユネスコが二〇〇五年に出した「哲学のためのパリ宣言」では、哲学対話は、デモクラシーの基礎としての市民の自立心を鍛え、判断力を陶冶し、さまざまな形をとるプロパガンダに抵抗できる思慮深い人間を形成すると指摘している。哲学的態度を身につけていくということは、すなわち自由な市民を涵養することである。それは、自分自身で判断すること、あらゆる種類の議論に取り組めること、他人が語ることを尊重すること、そして、理性にしたがって思考を進められることである。哲学的態度とは思考の自由を確立することであるが、そこには、独断的であったり吟味に付されないままであったりする「先人の教え」からの自由も含まれる。対話型の哲学教育の重視は、まさしく、私が「自由の文化」と呼んだものをユネスコが推進しようとする意図から来ていると言えよう。

子どもの哲学の反対のものとは何であろうか。「子ども」の反対は「大人」である。哲学の反対とは何であろうか。哲学の根本的な特徴は、批判的態度にあると言われている。批判的とは、考え方や行動の根拠を検討するという意味である。「どうしてそう考えるのか」「なぜ、このように行動するのか」「どうしてこうしたルールになっているのか」、このように根拠を問い直すことが批判的な態度である。しかし哲学的な批判の特徴とは、単に根拠を検討するというだけでなく、自分が普段は気づかぬままに従ってしまっている常識、自分が無自覚に依存している思考の前提、あるいは、検討することなく受け入れてしまっている慣習を、意識的に吟味することにある。自分の足元にある前提には気がつきにくい。だから、哲学的な思考には、他者との対話が必要とされるのである。よって、もし哲学の反対のものとは「習慣」であるといってよいなら、「子どもの哲学」の反対とは、「大人の習慣」である。

子どもの哲学とは、大人が自分たちの生活を成り立たせている習慣、常識、慣習、制度、機構に対して、社会活動のまだ準備段階にいる人間が、その根拠を検討するという知的営為であると定義できる。子どもの「どうしてか」「なぜか」という問いは、大人の習慣を組み立て直す機会を含んでいるのである。

4. ソクラテスの「無知の知」——第三の考え方

哲学プラクティスを実施しているか、その趣旨に賛成している人々の多くは、哲学対話の意義を、思考の民主化に求めているのではないかと思う。私はこの考えをきわめて健全なものだと思う。子どもに哲学対話をさせる意義とは何ですか、と教師や保護者に問われれば、私は通常はこの第二の考えを述べる。すると、多くの人は、完全に納得したかどうかはともかく、理解はしてくれる。

しかし、これまで述べた二つの考えに加えて、第三の考えがあるように思われる。この考えは、突き詰めていけばラディカルすぎて、実際にどのように現実に当てはめていけばよいのか分からないくらいである。このような考えに囚われなくても、二番目の民主化論だけで子どもの哲学を実践し普及する意味は十二分にある。

だが三番目の考えは、哲学対話の実践者にとってもっとも重要な、そしてもっとも古い先駆者であるソクラテスが、彼の実践と思考のその最初から示唆していた考えに思われる。この解釈は私の単なる思い込みで、ギリシャ哲学の専門家は、私の解釈の問題点を簡単に指摘できるかもしれない。しかし誤解と曲解を覚悟の上で、私の思いつきを述べてみよう。第三番目とは、対話を「非知」へと向かわせる考えである。

ソクラテスの成したことを大まかに振り返ってみよう。ソクラテスの「無知の知」は、教養のある人なら誰でもが説明できるよく知られた話である。彼は、政治家、詩人、手工者などのさまざまな人々を訪問して対話を繰り返す。ソクラテスは、自分が何も知らない、何もわかっていない、だから教えて欲しいと懇願しながら彼らから知を得ようとする。ソクラテスが訪問した人々の中にはソフィストも混じっていた。ソフィストとは、弁論術や政治、法律などの専門知をもった職業的な教育者であった。ソクラテスはソフィストとの問答を通して、ソフィストもじつは真理に到達していないことを明らかにする。ソクラテスは、誰もが真理に到達していないことを知り、もし自分が神託の通りにもっとも賢い者だとすれば、それは自分だけが無知を自覚しているからだと言う。これを「無知の知」と呼ぶ。このような話として理解しておけばよいだろう。

私たちは先に、哲学的なテーマの対話について学校の教師からしばしば受ける質問、むしろ反対意見を紹介した。その中には、「終わりのない対話にはどのような意味があるのか」「結論の出ないようなオープンな議論にはどのような目的があるのか」というものがある。哲学対話は探求する活動である。しかしその探求に到着点がないとすれば、どうなるのか。芸術であれば、芸術に完成はなくても、その探求の途中での作品には芸術的価値や美的価値がないとは言えない。ピカソは自分の絵に完成はないと考えていただろうが、それでも『ゲルニカ』は素晴らしい。しかし探求しているものが美ではなく真理であるなら、どうであろうか。真でないものは、偽である。真理に到達できないものはすべて虚偽であり、「惜しい虚偽」なるものはない。だから、私たちは永遠に誤謬から抜け出したことにならないのではないか。しかしだからと言って、真理の探求をやめて、途中の状態で問いかけや議論を放棄したところで、真理に至る訳でもない。

では、ソクラテスがいう「無知の知」にはどういう意味があるのだろうか。無知であることには、ソクラテスもソフィストたちも変わらない。無知を自覚することにどのような積極的な意味があるのだろうか。

ソクラテスの「無知の知」は、私には二通りに解釈できるように思われる。ひとつは、ソクラテスが言いたかったのは「知的探求には終わりがなく、慢心せずに真理を目指して探求を続けるべきだ」とする解釈である。これは穏当な解釈であり、多くの人はソクラテスの態度をこのように理解している。

問題であるのはただ知らないということではない。知らないのに、知っていると信じて、その偽物の「知」に従って生きて、それをまるで疑うことのない無明の状態のことである。「無知の知」の第一の解釈を現代的に言い換えるなら、こういうことになるだろう。すなわち、この解釈によれば、ソクラテスは、ソフィストたちが到達できなかった真の究極の知識に至るように若者たちを導こうとしたのだという。たしかにソクラテスは人々に問いの結論を与えなかったが、それは知の探求が道半ばだったからであるという。現在のあらゆる知識は不完全であり、さらなる探求によって乗り越えられなければならない。現在の知識すべてを仮説として捉え、それを批判的に検討して、より発達した知の段階へと歩を進める、こうした探求の姿勢こそが現在の教育で身につけさせるべきものなのだ。現時点では「知識」と呼ばれているものが、最終的に乗り越えられるべき不完全なものである限り、それは真理ではない。現在はまだ反証されていないだけの可能な虚偽にすぎない。学校では、可能な虚偽に安住させるような教育を行ってはならない。このように考える人によれば、ソクラテスは、ソフィストとは異なった形の教育者、いやむしろ、真の教育者だということになる。

だが、人々は無知の状態に甘んじるだけではない。偽の知識を悪用する。子どもが学ぶべき知識を、子どもたち自身に尋ねずに一方的に定め、お決まりの知識を検討させずに、ただ伝達して記憶させ、身につけさせることだけを目的とした教育を行う。これはパウロ・フレイレの言葉を使えば、「銀行型」と呼ばれる教育である。(8) 銀行型教育は、現行の知識や技術の獲得に優位な立場にある者をさらに優位にさせ、そうでない者をさらに不利にさせていく。そうして社会の階層を固定し、むしろその差を押し拡げる効果がある。偽の知識は社会において保守的・反動的に働く。だから、一部の悪意に満ちた人々は偽の知識を守り抜き、自分が無明の状態にあることに甘んじるだけではなく、人々が真理の探求をすることを妨げることさえする。だから、現代の教育を改善しようとする良き人々は、真理の探求が公平な社会の礎となることを自覚しながら、子どもが探求的に学ぶ態度を重んじるのである。

5．非知の方へ――学んだことを「脱ぐ」

ソクラテスのいう「無知の知」をこのように解釈して、真理のあくなき探求を推奨する現代の教育学を、私は悪いものだとは思っていない。現実的には、まさしくこうした教育を推進すべきだと考えている。

しかし、「無知の知」は、もっと根源的で、受け入れるのに難しい、ある意味で非常に恐ろしい考えを示唆しているのではないだろうか。しかしこの解釈を取ることで、はじめて子どもの哲学の本領を理解することができるように思われる。それは、ソクラテスが行ったのは、非知に至ろうとする反教育だという解釈である。「反教育」というと誤解が生じるなら、「脱教育」、あるいは英語で言えば「アンラーニング」だといってよいだろう。さらに言いかえれば、ソクラテスが対話で行ったのは、「浄化（カタルシス）」だということである。

プラトンの著作に出てくるソクラテス、とくに初期のそれは、相手と問答を行い、その人の思い込みや間違った考えを指摘はしても、最後になっても積極的な持説は打ち出されない。ソクラテスの問答はおおよそ次のような流れで行われる。自分が賢いと思っている人は、自分が堪能と信じていることを学ぼうとしない。内容があることは何も言っていないのに、重大な真理を言っているつもりにな

（8）　パウロ・フレイレ（二〇一八）『被抑圧者の教育学』三砂ちづる訳、亜紀書房。

っている。そうした人たちの思い込みを取り除くためには、質問をして、その主張の吟味を行い、彼らがひとつのことや同一の点で矛盾したことを述べているのを明らかにする。そうして、その説が維持しがたいことが分かると、別の解答に関しても同様の反駁が積み重ねられていく。

ソクラテスの対話は、シンクリスとアナクリスという二つの基本的な方法で進行する。シンクリスとは、ひとつの対象についてのさまざまな見方を対比することである。アナクリスとは、対話の相手をけしかけ、相手の言葉を導き出し、最後まで言い切らせてしまう方法である。つまり、自分の意見を他の意見との間で相対化させ、演繹によってその帰趨を自覚させる。前者では、自分の考えがあり得る選択肢のひとつでしかないことを知り、後者では、自分の考えを突き詰めれば、重大な問題や矛盾が生じることが露呈する。ある考えが試練を受けるのであるが、それは自己自身の人間的な試練でもある。自分の考えとは自己自身の写し絵であり、シンクリスによって自分が何でないのかを知り、アナクリスによって自己の運命を知るのである。

こうしてソクラテスは、対話者を自分の頑固な思い込みから解放させる。これが反駁術と呼ばれる問答である。反駁法は、自分の魂にまとわりついた思い込みを浄化する。自分が何者ではないのかを知らないまま、最後まで自分の運命を突き進めば、そこに待っているのは悲劇である。その悲劇を知ることによって魂が浄化される。対話とは、この意味で悲劇を目撃しながら、そこから距離をとることに他ならない。だから、ソクラテスも新しい結論を提示せず、対話は否定的なままで終了する。

ソクラテスの問答は、真理は決してモノローグでは得られず、複数の参加者によるダイアローグによって得られることを示している。ソクラテスにとって真理を得るとは、全体性の回復のことなのではないだろうか。

ソクラテスは、自分の問答の相手が技術的な知に関して何も知らないとか、何もできないとか主張しているわけではない。航海術、建築術、測量術、医術、詩作などの技術的な仕事に対して、ソクラテスはそれらが間違っているとか、無効だと指摘しているわけではない。問題は、「これらの人〔詩人〕もまた多くの美しいことを語りはするが、しかし自ら語ることの真義については何らの理解もない」ことや、「彼らは皆、その技とせる技芸に熟練せるをもって、他の最も重大な事柄に関しても最大の識者であると信じていた」点である。(9)

つまり彼が問うているのは、それらの技術の知の目的であり、位置づけである。航海や建築や医療の技術はさまざまなことをなしうる。しかしそれらの技が奉仕するのはいかなるものであろうか。それらが人間の善き生活や人生に役立たないとしたら、それらの技の卓越も何の意味も持たない。詐欺の技にいかに卓越しても、人はまったくそれを評価しないどころか、そのような技の存在を許さないだろう。技術はそれが奉仕する善が何であるか分からなければ、存在根拠を失ってしまう。しかし技術の専門家は、自分の有している技術の最終的な目的がどこにあるのかを知らない。技術の世界の中で生きることに終始し、その技術の意味を外から、あるいは上から問い直すことをしない。ソクラテスは、技術知がなぜ存在すべきなのか、その存在根拠となる善のありかを問うている。

科学とは、科目へと分類された知である。科学は世界を自分の方法論で扱える範囲へと切り出し、

(9) プラトン(一九六四)『ソクラテスの弁明　クリトン』久保勉訳、岩波文庫、二二一—二三頁。

その範囲の事象の関連性を調べ、予測し、操作できるようにしようとする。複雑性である世界を、線形化して捉えようとする。科学が有効になるのは、対象を分離して、断片化できる場合に限られている。科学が行う対象の操作が確立し、安定して、マニュアルとして制度化できるようになると、科学は技術知、別の言葉を使えば、テクノロジーへと変容していく。科学的な自然の探求は、自然をコントロールするスキルとなって完成する。当初は対象への好奇心だったものが対象を統御する力へと転換し、そこで知的探求は終了する。知は他の分野から自己を切り離し、役に立つものになり、何かの目的のための道具となる。全体から切り離された専門知は、自己目的化して、自己練磨を継続する。そうしてますます全体を見失っていく。

こうして専門化した知は、全体的なもの、相互に強い関連性を持った状況に対しては役に立たなくなる。対象をそれぞれの分野に断片化して扱って問題に解を与え、しかるのちにそれを足し合わせればうまくいくとは限らない。ひとつの部分に生じた問題に解決を与えることで、他の部分に新たな問題を生じてしまうことがあるからだ。科学は実際には分かれていないものまで、分離して扱おうとする。

科学技術のこの特徴は、それに携わる人々と組織の特徴にもなっている。それぞれの分野が、他の分野や全体との関連性を失いながら独立する。それに属する人々は、ますます視野が狭まり、自分の分野の維持と発展だけを願うようになる。科学技術は、研究や学問だけにとどまる活動ではなく、産業として成立し、行政や政治も巻き込む活動である。そこからセクショナリズムとか、組織エゴといったものが生じてくる。知の分断は社会の分断をも引き起こす。

哲学カフェや子どもの哲学は、日本であれば東日本大震災の後に飛躍的に発展した。その理由は、被災によって平穏な人生を奪われた人々が、これからの自分と家族の人生のあり方や価値観について改めて考えなければならなくなったからというだけではない。震災と津波の後に生じた原子力発電所の事故とその事故処理をめぐって、政治、行政、企業、科学のそれぞれの分野のセクショナリズムと組織エゴの弊害が露わになったからである。

人々が学ぶべきは、あるいは学校で教えるべきは現在社会に普及している技術的な知であると主張する人々は、その技術の世界の分類、前提としている目的、その技術を可能にする社会のあり方と価値観も同時に肯定していることになるであろう。子どもが発する「なぜ」という理由の問いは、この技術の存在根拠となっている、社会で暗黙のうちに共有された目的や価値に疑問を投げかけている。

現代社会で深刻化している知の分断の問題を、ソクラテスの時代はすでに経験していた。ソクラテスが対話において行いたかったのは、知の探求だろうか。ソクラテスが正確にはどのような思想をもっていたかを断じる知識を私は有していないが、もし対話が浄化を目的としているなら、それは知識の獲得を目的にしているとは言えないだろう。ソクラテスは、「知識」とされるものを、皮肉とパロディによって台無しにし、茶化し、冷やかし、脱序列化し、その価値を格下げしてしまう。ソクラテスがやりたかったのは、学んだものを脱学習(アンラーニング)することであり、到達すべき状態とは非知だったのではないだろうか。

知が本質的に分けることであり、分離と断片化を伴わざるを得ないなら、全体性の回復は知によっては得られない。知の進展は、先に述べた「悲劇」と同じ行程である。デヴィッド・ボームによれば、あらゆるものを分離してしまうのは思考である。[10] 人はあるものを選択して、それを他と区別する。最初は便宜的に行っていた区別に、いつの間にか重大な意義を与えるようになる。これに対して対話は、思考が分断化したものを、再度、全体的なものにする過程である。個々人が行う思考と、人々の間で取り交わされる対話の間には協働関係があることはもちろんである。人は話すことで考えるようになり、考えたことを話すのだから。

しかし他方で、個人の思考と他者との対話には対立関係、あるいは葛藤関係があるかもしれない。というのも、自分の考えを自分だけで進めようとするときには、ときに他者との対話が邪魔になることがあるからである。対話はときにそれ自体が生き物のように進展して、参加者それぞれが思ってもいなかったような考えの方へと手繰り寄せられることもある。これが対話の創発性と呼ばれる現象であるが、参加者個人の視点からは、そうした創発性が生まれるときを目撃することは面白くもあるが、他方で、自分の考えに固執して、それを追求したくもなることがある。しかし、ひとりの参加者が自分の考えの進展を延々と話し続けて、その場を支配してしまうと、対話が停止して創発性が生まれないのはもちろん、他の参加者の個々の考えは萎えていってしまう。

私たちは、考えながら対話するときに、対話の場から身を引いて、個人の内にこもりたくなる気持ちと、他者の話を傾聴し、対話を続行させたいという二つの気持ちに引き裂かれる。この対立は、対話が抱える、個と集団の根源的な対立である。だから、私たちは、対話の後に、自分一人になっておのれの考えを進めてみたくなるし、それを紙に綴ってみたり、他の人を捕まえて自分の考えを話してみたりしたくなるのだ。自分の考えにこだわり、その帰趨を最後まで辿ってみたくなる。

6. はじまりへの回帰としての浄化

少し話を元に戻そう。無知の知には二つの解釈が可能であるように思われた。ひとつは、真理を終わりなく探求することを説いたという説である。二つ目は、知とされるものを浄化することを説いたとする説である。対話に関して言えば、前者にとって対話は知の探求の過程である。複数の人間でひとつのテーマについての解明を目指す。後者にとっては、対話は、知とされるものを脱学習することに目的がある。私たちが求める究極の知とは全体的なものであり、それは探求によって得られるものではなく、もともとの本来の自己に戻ることによって得られる。対話とはその状態に至るために、これまでの誤った知を浄化するためのものなのである。

この無知の知に関する二つの解釈は、子どもの哲学の意義についての第二と第三の考えに対応している。この二つの立場はともに、第一の立場に反対するのだが、その理由は異なる。

第一の立場が伝統的で社会の枠組みとなっているような知識の継承を重んじるのだとすれば、第二の立場は、それを個々人の人生を取り替えの効かないものと考え、個々の人と人の出会いを一期一会

(10) デヴィッド・ボーム(二〇〇七)『ダイアローグ――対立から共生へ、議論から対話へ』金井真弓訳、英治出版、五〇頁。

のものと捉え、その個々の生における創造性と創発性に知の重きをおいている。しかし第二の立場においては、それぞれの知の創造・創発は方向性をもっていなければならないと考えられている。

対話はそもそも会話とは異なる。会話には、自由な言葉のやり取りであり、日常の挨拶のような特段の内容のないものから、店先での売り買いのやり取りのような簡潔で定式化されたもの、互いの近況の報告や、最近の出来事についての情報や意見の交換、楽しみや気晴らしのためのおしゃべりなど、さまざまな形のものが含まれている。コミュニケーションというものが、メッセージを交換することで互いに自分の考えや態度を変化させ、新しい自己を生み出していく過程であるとするならば、これらの日常生活で頻繁に行われる会話は、相互にほとんど影響を与えることがなく、コミュニケーションとしては弱いものだと言えるだろう。気楽なおしゃべりをいくら重ねても、ちょっとした情報を得る程度であって、自分の考え方や物の見方が変わるわけではない。

しかし対話は、それよりも相互に影響力の強いコミュニケーションである。対話は、ご存知の通りに、英語では「ダイアローグ(dialogue)」と呼ばれるが、これは元々のギリシャ語では、「分割・弁別」された「言葉・言語・論理」という意味である。対話とは、事実や真理や善の共同の探求のことを指している。

対話とは、本来は、一対一の会話を指しているだろう。一対一のコミュニケーションは、相手が真に対等な一人の人間として自分と向き合ってくれなければ成立しない。それは逃れることのできない双方向的な人格同士の交流であり、他者との対峙である。本書では三名以上の人間が参加するものも「対話」と呼ぶことにするが、対等で相互的な人格同士の交流が成立していることを対話の条件としたい。一方的な命令や、一方的な語りは、対話とは到底呼ぶことはできない。

だから、応答のない書物の読解は、やはり対話とは言えない。往復書簡やメールのやり取りは、全人格としての身体がそこに現れているとは言えないので、完全とは言えないのだが、一応、対話と呼ぶことはできる。しかし問いかけや応答を許さない書物による伝達は、一方的で専制的である。書物の解釈という行為も同様に、反論や同意不同意を許さない一方的で専制的な特徴を持っていることに注意しておこう。生きた著者のいない場所での読書を繰り返せば、同じく専制的な読み手の意識を生んでしまうだろう。

しかし対話はただの人格的な交流ではない。対話には、一定のテーマがあり、問いが立てられ、それを探求する議論がある。議論とは、ものごとの真偽や妥当性を合理的に吟味する話し合いのことである。つまり、対話には、合理性がつきまとっているのであり、それは人格的な出会いに尽きるものではない。

対話では、話していく内容が深まり、それぞれの参加者は相手との言葉のやり取りにより、自分の考えが変わっていく。話す内容が深まるというのは、ある人の発言について他の人から質問や意見が生まれ、またそれに対して質問や意見が重ねられて、ひとつの発言について多角的な応答が連なる状態をいう。最終的に、対話を経て自分の物の見方や態度、行動までもが変容したときには、その対話は深いものだったと言えるし、その変容が広範で根本的であればあるほど、対話は真に深かったということになる。ただし、この内容の深さが、ときに参加者の人格にあまりに大きすぎる影響を与えることもないとはいえない。

第二の立場では、探求されるテーマは複数の人間による対話によって追求される。そうして知の協働作業の中で真理の探求がなされるのである。対話では、互いが気のつかなかった論点が出され、検討すべきものとしてテーマに取り込まれる。ひとりの意見が複数の視点から吟味されていき、提示すべき主張は疑問や反論に対してうち鍛えられていく。もちろん、一度、一定の結論や合意に到達しても、それで真理に至ったと慢心してはならない。得られた主張をさらに検証し、異なった視点から問題点を見つけて探求を続けるべきである。そうして、個々の人間が権威に頼らずに追求した真理は、これまでにはなかった創造性が付加されている。知的権威は、現在の子どもの探求の糧になってはじめて意味がある。リソースの価値は、使用されることにある。これが第二の立場の目指すところである。そして今日の教育が目指しているところである。協働学習についての優れた考えを持った教育者たちは、以上のような考えに基づいて自分の教育を実施していることだろう。私は暫定的に、以上のような考えに基づいた子どもの教育が権威主義的な、あるいは銀行型の教育よりも優れていることを大いに認めたい。

第二の立場は、権威主義に対して、現在を生きる個々人の知的探求を最大に重視するように求めるのである。しかし、対話とは、何か最終的な解答に到達するために行うものであろうか。対話とは、到達点は遠く離れていようとも、真理に到着する手段として存在しているのだろうか。

私たちが子どもと哲学的な対話をしているときに感じるのは（大人との対話でも同じことであるが）、問いが後退していくこと、そしてあらゆる問いが網の目のように相互に結びついていて、どこかの問いに答えるには他の問いに答えざるを得ず、結局はひとつも答えられないこと、答えるとしたら一気にすべて答えなければならないことである。

問いが後退するとは、こういうことである。哲学対話はどのような問いからも、一見すると瑣末に見えたり、くだらなく思えるような問いからでもはじめることができる。たとえば、「空《そら》をつかむことはできるか」という小学一年の問いに微笑みながら「否」と即答したとしたら、それはその人の哲学的素養のなさを暴露している。「つかめないよ。なぜかというと…」と答えようとした途端に、微笑みが凍りつくのが哲学者というものである。少し考えれば、その問いはたちまち「空」と呼ばれるものの存在論的ステイタスを問う、現代形而上学の難問へと発展するからである。「空」と呼ばれるものを、単純に空気の層と同一視していいかどうかを判定するには、まず空という概念を定義しなければならない。空とは人間の知覚方式に依存した便宜的な名前にすぎないのか、それとも一定の量をもった空気とは異なって定義されるべき実在として扱うべきか。空気の層を空として見る人間の知覚様式とはどのようなものか。このように、子どもの問いに真剣に答えようとすると、即座に、知覚、実在、「〜でない」(空)という否定形で表現されるような対象をめぐる諸問題が生じてきてしまう。次に「つかむ」という行動を定義せねばなるまい。なんたる難問であるか。

こうして哲学の問いは、前提のさらに前提を遡行的に問い尋ねる流れを生み出してしまう。さらに、ひとつの問いは他のあらゆる重要な問いにつながっている。もっとも簡単に見える問いは、最大の難問たちと地続きでつながっており、小さな問いの糸を引き寄せれば、網の一端を引っ張ったときのように残りのすべてが引き寄せられてしまう。低学年の小学生が次々にくりだす「なんで〝うんち〟って言うとみんな笑うの」「生き物は死ぬの」「なぜ、アンパンマン(11)は大きくなってから見るとグロテスクなの」などの身震いするような深遠な問いたちを前にして、私は、解答することを半ば放棄したくなるような甘美な敗北感を味わうのである。それらの問いは、解を与えられるように専門化していない。しかしそれらの問いを専門化すれば、その問いに答えたことにならない。これが哲学の問いの全体性のパラドックスである。

人々はこの哲学の際限のない問いの連鎖を避けるために、「時間がない」と言って探求を区切ってしまい、かりそめの解を与える。正確に言えば、考えることをやめてしまうのだ。考えたくないからである。学校で行われているのは、子どもたちの問いに真剣に向き合わないでいる、知の見切り発車ではないだろうか。しかし私たちが現実で直面する問題は、明快な解答が与えられる学校の授業で出される問いではない。子どもが学ぶべきは、曖昧で捉えがたい、哲学的としかいえない問いに対して、どこまでもしつこく問い続ける態度なのではないだろうか。

もし哲学の問いがこのようなものであるならば、知を探求することは、問いを専門化し、解決を与え、最終的に技術化することにならないだろうか。しかしそうした技術化は、最初の哲学の問いから離れてしまう。ソクラテスの浄化とは、その最初の問いへと帰還する仕組みなのだ。

7. よき生、よりよい生ではなく

この考えが含意するところを、個人のレベルだけではなく、集団的な生のレベルも含めて考えてみよう。すると、第三の立場に立つ文明ないし社会があるとすれば、それはどのようになるのだろうか。一定の方向性に人間の問いが解答されようとすると、最初の地点にまで立ち帰ることを促す。そうした哲学の対話がはじまるような文明ないし社会とはどのようなものであろうか。

そこでは、いかなる知も蓄積しない。文化文明は進展しない。生に単一の方向性が与えられない。そこでは、よりよい人生は存在しない。よい人生だけがあるのである。つまり、それぞれの人生の間で、あるいは、同じ人の人生のそれぞれの段階の間で比較することができず、ただ良い人生とそうではない人生があるだけなのである。つまり、第三の立場に立つ文明では、探求によって生を進展させることが拒否され、ただ質的に異なるフェーズに人生が変容すると考える。それは進歩のない文明である。進歩、発展、成長の概念は、一般的に、方向性、克服、蓄積、量的な比較といった意味を含んでいる。進歩とは、過去に人々が達成したことの延長であり継続である。それは過去の達成の改善であり、乗り越えであると考えられている。この進歩の過程は、「文化」「文明」、そしてときに「歴史」と呼ばれてきた。

教育においては、教師と教育上の権威は、子どもたちを、彼らが身につけた過去の知識や技術で評価する。私たちにとって過去からの伝承を自分の生活の道具や方法として用いることが、かりに有益であっても、そのすべてをそのまま継承する必要はないはずである。しかし私たちは、子どもたちに

(11) やなせたかし原作の絵本の主人公とそこから派生した漫画やアニメーションを指す。やなせたかし作・絵（一九七六）『あんぱんまん』フレーベル館。

いままでの社会なり文明なりのあり方をこのまま継承せよと強制している。教育において唯一の正解を求める傾向とは、銀行型の教育の典型的な表れである。一定の方向性に対話と思考の過程を限局させることとは、生の事実から逃避することである。それは自分で組み上げた物語のなかに世界をはめ込み、そこからこぼれ落ちたものはすべて捨て去る態度である。ひとつの価値や目的の追求は、他の価値や目的の排除や切り下げを伴っている。

ある特定の立場をとること、特定の方向性(意味)を目指すことは、自らを限定し、世界のある部分を否定することである。こうした限定性と否定性を超えて全体的なものとなろうとするのが、哲学の議論の特徴である。しかし有限でまさしく限定された存在に他ならない人間が絶対的なものを目指すときには、それは現存するものの限定性と部分性を否定し続けることしかできない。ソクラテスの対話が、論駁法として脱学習を押し進めるものであったのはそれゆえである。

子どもの哲学においても、さまざまな意見は統合も総合もなされず、発言と思考が多声的に並行したまま存続し、いくつも問いが答えられぬままに積み残り、他のより根源的な問いへと移行していく。礼儀正しい仕方であれ、既存のさまざまな価値の格下げと脱序列化がどんどん行われ、権威は失墜する。子どもの哲学対話では、その多声的な発言によって何かを排除しようとする方向づけや価値づけを相対化し、「成長する」ことや「発展する」ことの多元性、あるいはその方向性の無根拠性を露わにしていく。個別的で比較できないもののあいだには、進歩、発展、成長という概念はそぐわない。対話の過程は、生には生以外の目的も価値もないことの直接的表現なのである。

ソクラテスは、知識の進歩や発展を拒否して、哲学とは永遠の始まり、すなわち全体性を生きることだと主張したかったように思われてならない。ソクラテスの対話に終わりがないということは、単に学問は長し、人生は短し、という意味ではない。それは、哲学には、あるいは人間の文化文明には、発展も進歩もなく、ただ新しい始まりだけがあり、方向性のない変化だけがあるということを意味しているのではないだろうか。ソクラテスの対話の本質とは、問いに解答を見つけたり、問題を解決したりすることではない。対話を続け、問い続けることにある。芸術家が新しい表現を作り出すためにどこまでも表現することをやめないように、哲学者は問いを創造しつづけるのである。問いのある生だけが、生きる意味のある生であるかのように。

そうした人生は、「転石こけむさず」ということわざ通りに、何も積み重ならず、何も蓄積されない。そうした人々が作る文明は、重厚な歴史を築くことなく、つねに初めの一歩の状態にあり続ける。根源的な平準化の中で、教える—教えられるという関係は容易に逆転する。その意味において哲学対話は、通常の教育の概念を無効化してしまうかもしれない。これまで蓄積された知は非知へと転落し、教育された者は脱教育化される。こうして、脱教育化された者は、つねに子どもの状態に留まり続け、自らの無知、いや非知を自覚するのである。

ソクラテスが求めたのは、生を問いとともに生きぬくことであったのではないだろうか。私たちの人生は、対話のようである。そこでは、世界を眺め続け、問い続け、考え続ける過程自体に目的があり、価値がある。対話としての哲学とは、あらゆる思想の固定を取り払い、アイデンティティをつねに取り壊し、流動的な生を生きるための技法のことである。思考とは、どこかの結論に到達するための手段でも、知識を生み出すための方法でもない。つねに自分自身を取り壊し、新しくしていく生の表れそのものなのである。

もしソクラテスの哲学がこうしたものであったならば、彼の真の弟子はプラトンでもアリストテレスでもないのではないだろうか。むしろこの二人は、ソクラテスの意図を欺いて、科学か信仰のように到達点や解答のある知を求めた者ではないだろうか。もしソクラテスに真の後継者がいるとすれば、それはシノペのディオゲネス（紀元前412?–323年）と考えられないだろうか。

シノペのディオゲネスは、ソクラテスに影響を受けたアンティステネスの弟子で、古代のキニク（犬儒）学派の哲学者である。(12) ディオゲネスは、「犬（獣）の哲学者」と呼ばれたが、それは、動物をモデルとした原初の生活を実践したからである。欲望から解放されて自足することを目的としたのである。ときに路上や樽を寝床とし、生肉を囓《かじ》り、自然の木の実や植物を食す生活を実践した。人肉も結局は自然の循環の一部であり、自らの遺体も動物に食されることを望んだという。知識や教養を無用のものと見なし、文明を人間性に対する抑圧と考え、あらゆる文明化された生活状態を排撃しようとした。この意味で、ジャン＝ジャック・ルソーの先駆である。

ディオゲネスは、社会で通用している諸制度や慣習を変えることを自らの任務と考えた。一説によれば、それを実行しようとしたがゆえにポリスを追放され、奴隷として売られたという。祖国を奪われた彼には、政治参加ができなかった。その彼こそが、アテナイの民主制が奴隷制を前提としている自己欺瞞を批判し、すべての人が平等となる真の民主主義を訴えた。自らをコスモポリタン（世界市民）と称し、唯一の正しい政府は世界政府であると主張した。国境を設けないコスモポリタニズムとは、全体性の回復の政治的な実現ではないだろうか。

おそらく、ソクラテスにとって、またディオゲネスにとっても、哲学とは吟味されたよき人生を見つけ、それを生きるためのものである。よりよき人生を見つけ、生きるためのものではない。比較可能な生などない。彼らが言いたいことは、生には生きる以上の目的はなく、生に意味はない、その意味で私たちの生はそれ自体として完璧だということではないだろうか。それを台無しにするのは、むしろ、進歩、発展、成長という画一化された社会的要請である。そのような意味づけは、人生には不要である。人生の意味や価値の探求は、それ自体が無意味なのである。

(12) 以下の著作を参考。ディオゲネス・ラエルティオス（一九八四、一九八九、一九九四）『ギリシア哲学者列伝』上・中・下、加来彰俊訳、岩波文庫。山川偉也（二〇〇八）『哲学者ディオゲネス——世界市民の原像』講談社学術文庫。

第2章 思考とは何か(1)——情念と問い

言語は質問するために発明されたものである。回答は音や身ぶりによっても可能だが、質問だけは言葉にしなければならない。最初に質問の声を発したとき、人間は一人前の大人になった。社会の停滞は回答の不足ではなく、質問への衝動の欠如によってもたらされる。

エリック・ホッファー(13)

本章と第3章では、思考とは何かについて二つの章にまたがって議論することにしたい。本章では、思考と情念との関係について論じ、第3章では、思考と対話の関係について考察する。

(13) E・ホッファー(二〇〇三)『魂の錬金術——エリック・ホッファー全アフォリズム集』中本義彦訳、作品社、一六五頁。

1．思考力を育てるという課題

考えること、言い換えれば、思考は哲学にとって重要なテーマであり、多くの哲学者が思考という能力について言及してきた。しかし、過去の哲学の文献を通覧してみると分かることであるが、思考そのものを中心的なテーマとして論じている哲学書は、意外にもそれほど多くない。哲学では、世界をどう認識するかという問題、すなわち真理の問題には数え切れないほどの多くの著作がある一方で、思考の問題――その定義や能力の特徴、どのような機構で成り立っているのかなど――についてはそれほどの関心が払われてこなかったと言ってよい。心理学や認知科学においても事情はあまり変わらない。感覚知覚、感情、学習、記憶、人格、病理などを対象とした心理学の論文の膨大な数に比較して、思考をテーマにした研究は突如、数を減じてしまう。

こうしたことにはもちろん理由がある。いざ思考について考えようとするとその途端に、何を対象にすればよいかに迷うことになるからである。「考える」、あるいは「思考」という言葉が指すものは、あまりにあいまいで多様である。

「考える」と「思う」とはしばしば混同して用いられるが、幸いなことに、この二つの日本語は、たとえば英語の thinking よりは明確な輪郭をもっている。その前にはっきりさせておくべきは、「思う」ことと「思いが浮かぶ」こととは異なる点である。私たちが単に「思い」という場合には、心に浮かぶあらゆること、ふと思い出したこととか、感情とか、空腹感のような体内的な感覚や、漠然とした意欲など全般を指している。これら想念が意図せずに湧いてきた場合には、「思う」とは言わない。

「思う」も、「考える」も、動詞が割り当てられていることから分かるように、能動性のある行為である。「思う」も「考える」も何かをすることであり、行動である。青空を見ていて、ふと自分の故郷のことが自分で意図せずに、思い浮かぶことがあるだろう。この状態を「故郷を思う」とは言わない。自分で意図的に想起したのではないという意味を込めて、「故郷が思い浮かんだ」と表現する。しかし「故郷を思う」という場合には、その思い浮かんだ心の状態を維持しようとしているし、故郷についてもっと何かを思い浮かべようとするような、より積極的な状態にある。さらに「思う」が想起や想像のようなやや漠然とした行為であるのに対して、「考える」はもっと目的をもった行為といえるだろう。

こうして、「考える」は、「思う」とも「思いが浮かぶ」とも異なる。思考とはもっと詳しくは何のことを言うのだろうか。思考とは一体、どういう能力のことなのだろうか。思考という働きの内実がよくわからないにもかかわらず、私たちの社会は、とりわけ教育の分野では、思考力の果たす役割の重要性を叫んでいる。思考力を育てるような教育をもっとすべきだと教師や保護者の誰もが口にする。

子どもの哲学に関しても、その先駆者であるマシュー・リップマンがP4Cという教育活動を開始したのも、思考力を育てることが目的であった。リップマンは、当初、アメリカの優秀な大学で哲学を講じていたが、そこの学生の思考力と反省力に不十分さを覚え、大学に入る前までの教育に問題があると考えた。そこで彼は、一九七二年、モンクレア州立大学に、子どものための哲学推進研究所を設立し、論理的思考の育成を中心としたかなり体系的なカリキュラムを開発した。

しかし、思考力なるものを成長させる教育などあるのだろうか。思考力は、既存のそれぞれの教科、国語、算数、理科、社会などで養われる能力と別に教育することができるものなのだろうか。多様な科目に共通して働くジェネリックな思考力というものが存在するのだろうか。

リップマンが開発したのは、汎用型の思考力を何かの訓練によって育てるようなプログラムではない。そうではなく、彼が示したかったのは、思考が、対話と共同体への参加によって育まれることである。本章と次章では、思考という能力とは何か、そしてそれがどのように対話と関係しているかについて考察する。

2. 推論と思考の違い

思考はしばしば、推論能力と同一視されがちである。思考とは、演繹や帰納を行う能力だと考えられている。しかし推論という概念も、思考と同じほど漠然とした概念である。推論を研究する分野は、哲学では論理学や認識論、科学方法論であるが、そこでも、推論とは正しい認識に至るための規範、すなわちあるべき思考方法のことを指しているのか、あるいは人間の心の働き方という事実について言っているのかがあまり判然としていないように思われる。すなわち、推論とはこうあるべきであり、正しい推論とはこのようなものだと指摘することと、それを人間の思考がどのように実現するのかでは異なった話であるはずだが、その点があまり明確にされていない。自動車を運転することと、交通ルールに従った正しい運転をすることとは別のことである。しかし、あたかも運転するとは交通ルールに従うことであるかのように混同されている。

これに対して、推論を扱う心理学や認知科学は、明らかに推論を規範として扱っており、それらの分野の研究には、最初から教育学的な意図が含まれている。つまり、人間の自然な思考過程には正しい推論を阻み、攪乱する要素が含まれており、正しい帰結を得るためには、それらの要素を避けて、論理的な手続きを学ぶ必要があるという動機に基づいているのである。批判的思考に関する認知科学的な研究は、さらにはっきりとした教育学的な目的を持っている。[14] すなわち、正しい推論をする能力は、自然に与えられている訳ではなく、さまざまな指導を経てはじめて獲得できるスキルであり、批判的思考方法とは正しい推論のための方法を教える教育学だと考えられている。

このように推論を対象とした研究は、規範そのものを扱うことと、規範を身につける過程を研究することとを分けるべきである。認識論や科学方法論の分野ではしばしば指摘されるように、この認識が正しい認識であると正当化を行う手続きと、何かを見出そうとする発見の過程とは大きく異なる。推論に関しても、この推論が正しく妥当であるという正当化を行うことと、どうにかして正しい認識に至ろうとして考えているのとではまったく異なった能力を用いるはずである。

たとえば、「今月は三月である(A)」から「来月は四月である(B)」を推論するときには、「もしAならばB。Aである。よってB」という推論規則を当てはめて私たちは推論しているのだろうか。そ

(14) 楠見孝、道田泰司編(二〇一五)『批判的思考――21世紀を生きぬくリテラシーの基盤』新曜社。

うではない。AからBを推論するときには、形式的な論理規則に頼っているのではなく、Aの意味からBを導いているのである。推論を推し進めているのは、意味的な関係であって、論理的な形式ではないと思われる。

さらに、推論として語られているものは、本当に共通の規範を持ち、共通の人間の能力を使っているのだろうか。代表的な推論の方法とされている演繹と帰納に関してしばしば対にして語られるが、はたして一緒にして論じてよいような能力なのだろうか。

演繹とは、一般的・普遍的な前提から、より個別的・特殊的な結論を導くことをいい、帰納とは、個別的・特殊的な事例から一般的・普遍的な法則を導くことをいう。演繹は論理的で必然性を持った推論であり、そこには正しい帰結に至る手続きが存在し、個人の考え方がこれに適合していないときには誤謬と判定される。論理学や数学のような経験や実証性とは独立した分野は、演繹的な思考で成り立っている。

他方、帰納に関しては、正しい手続きや正しい一般化の仕方をひとつには定められない。個別事例の集合から、法則へと一般化するにはつねに飛躍が伴っている。自分の見たカラスがすべて黒いとしても、そこからすべてのカラスは黒いと判断するには、ただの推論とは異なるステップが必要である。したがって、帰納による推論は、つねに蓋然的であり、不確かさを含んでいる。実際に、どれほどの個別事例を集めれば、それを一般化してよいものだろうか。また、その一般化は、ひとつの逸脱も許さない性質のものなのだろうか。法則に適合しない事例が見つかっても、それを例外として取り扱って法則を救うことはできるはずである。

だから、演繹的な学問である論理学や数学では、正しい推論と誤った推論を明確に区別できるのに対して、帰納法によって得られている経験的・実証的な科学の理論については、それが本当に妥当な一般化かどうかについては、さまざまに検証する必要があり、その評価もあらゆる人が一致するとは限らない。それゆえ、帰納するためのデータ収集と処理の仕方には、学会ごとに定めるガイドラインのようなものが必要とされたりするのだ。つまり、演繹と帰納とでは、その推論の妥当性を検証する手続きも評価のあり方も異なる。

そうであるなら、演繹と帰納を担当する人間の能力も異なるはずだろう。演繹と帰納は両方とも「推論」と呼ばれるが、それを人間の能力の観点から見たときに、そこには共通性が見出せるのか、どのような過程で実現されているのかはあまり明確にされていない。帰納の働きは、動物行動における「般化」(ある刺激に対してある反応が生じるようになると類似の刺激にも同じ反応を示す動物行動の傾向性)や、パターン認識と呼ばれる能力に基づいているように思われる。演繹は、これとは異なる能力を使って実行されているだろう。

推論の他の形として「アブダクション」と呼ばれる方法が存在するが、これは発見の論理である。アブダクションとは、個別の事例をうまく説明できるような仮説を導出することである。それは諸事実を観察することからはじまり、それらの事実をもっとも適切に説明するような仮説を形成する思考法である。仮説形成の推論と呼ばれることもある。それは後件と仮説の規則から、前件を導出しようとする思考法で、論理的に見れば「後件肯定」と呼ばれる推論に等しい。後件肯定は、「もしPならばQである。Qである。よってPである」という誤謬推論である。「もし人間ならば、動物である。

それは動物である。よって人間である」は誤りである。しかし、この虚偽の論法を発見のための推論に役立てようとするのが、アブダクションである。その意味で、アブダクションはあてずっぽうの推論と言えるかもしれない。

これら三つの推論は、個別性・特殊性と一般性・普遍性をどう橋渡しするかという問題に関わっている。しかし、今見てきたように、演繹と帰納とではその正当化の仕方がまったく異なるかもしれない。さらに、アブダクションも加えて、三つの推論は、心理学的に見れば、まったく異なった心の働きに則った、まったく別の思考過程なのではないだろうか。推論とは、実際には、正しい認識を得るための手段である。学校でドリルをするのでもない限り、推論のために推論を行うことはない。であるならば、正しい認識を得るという大きな枠組みの中で、推論という一部を捉えなおすべきなのではないだろうか。

ある思考過程を推論として扱うときには、私たちは実際にはさまざまなことが生じている過程を、後から回顧的に成形して、推論という形に再構成しているのだ。私たちが推論するのは、推論するためではない。限られた所与や前件からさらに正しい認識を得ようとして推論をするのである。つまり、推論とは正しい認識のための手段である。私たちは正しい認識を得ようとしてさまざまなことを試み、その一部が後から正しい推論として整理され、単純化される。ちょうど、人生には、とりとめのない雑多な要素が多数存在し、その流れにも行きつ戻りつがあるにもかかわらず、自叙伝や履歴を書くときには、すっきりとしたストーリになるように全体を整理して、それを攪乱する要素は捨ててしまったり、修正してしまったりするように、である。

しかも、思考と呼ばれる働きは、推論が扱う個別性・特殊性と一般性・普遍性の問題だけに関わっている訳ではない。したがって、ここで指摘したいことは、推論は思考の一部にしか過ぎないこと、正しい推論とは規範であること、そして正しい認識を得ようとする思考過程の中には、いくつもの異なった心の働きや能力が関わっているのではないかということである。思考力とは、単純なひとつの能力ではなく、複雑で多様な能力の集合を指す。

3. 自己教育としての思考

思考とは、推論と同一視できない、もっと複雑な心の働きである。ギルバート・ライルという哲学者は、私たちの多くが思考と呼ばれる活動に関して、カテゴリーの錯誤と呼ばれる誤りを犯していると指摘している(15)。すなわち、行為の中には、複雑さの階層があり、たとえば、歩く、食べる、座る、つぶやく、などの行為も、そこにはさまざまな身体部位の運動や動作が含まれているが、それでも比較的に単純な行為である。それに対して、交渉する、実験する、統率する、検査する、などの行為には、さまざまな下位の行為が含まれている。「交渉する」という行為には、書類を作成する、情報を取る、連絡をとる、仲間と打ち合わせをする、相手と面談をする、作戦を練り直す、などの行為が含まれる。それらの下位の行為のなかにも、さらに下位の行為が含まれている。たとえば、「書類を作

(15) ギルバート・ライル(一九九七)『思考について』坂本百大ほか訳、みすず書房。

成する」にしても、「用紙を手に入れる」、「書き込む」、「修正する」「提出する」などの行為が含まれる。

ライルが指摘していることは、「考える」と私たちが呼んでいる行為は、「歩く」や「座る」のような比較的に単純で基礎的な行為ではなく、むしろ「交渉する」のような一連の複雑な行為の集合を指しているということである。では、「考える」の下位集合となっている諸行為とはなんだろうか。そして、それらの下位集合である諸行為は、どのような形で「考える」としてまとめられているのだろうか。

手がかりとして、たとえば、日本語での「思う」と「考える」という言葉の使い方に注意してみよう。「思う」は、漠然とした想起や思い出すことに近い行為であるのに対して、「考える」はもっと目的志向な行為である。たとえば、「故郷を思う」と「故郷を考える」とを比較してみるとよい。前者では、故郷のことを思い出し、回想に耽ったり、想像したりするような行為であろう。しかし後者であれば、再開発であれ環境保護であれ、故郷の地域に何かの問題が生じていて、それに対して何かの方策を考案するとか、あるいは、自分の故郷の歴史や文化について調べてみたり、レクチャーを受けてみたりといったことが想定される。「考える」の方が、より活動的で、目的を持った行為であると言えるだろう。

考えるとは、何かの問題を解決しようとする行為である。さて、ここで私たちは、子どもの哲学の推進者がしばしば批判する、教師が誘導する擬似的な対話と比較しながら、思考とは何かについて考えてみよう。

学校の授業では、すでに教師はある正解を持っていて、生徒をそちらに導くような形で質問と応答のやり取りを行うことがある。たとえば、道徳の授業で教師が「嘘をつくのはよくない」という結論に到達したいがために生徒に投げかけるような質問は誘導的である。そうした偽の対話では、まず、嘘の定義については明示されることなく、すでに定義は共有されているという前提で話が進むであろう。世辞や誇張、冗談、楽しみのためのサプライズ（本人に隠して誕生日会を準備など）が嘘かどうかは検討されないのはもちろん、事実の誤認や勘違い、あるいは自己欺瞞を嘘と呼ぶべきかどうかも話題に上らせない。嘘をつくことで害のあるケースが主に取り上げられ、教師が求める結論から見て派生的と思われる質疑は省かれ、あるいは無視されて、あらかじめの結論に到達するだろう。このような誘導的な質疑応答は、真の議論ではなく、そこでは生徒はほとんど考えることがない。それ以前に、生徒はやる気を大幅に減じるであろう。

では、教師があらかじめの結論に導くことなく、いやそもそも本当に「嘘をつくのはよくない」のかどうかが分からず、それを生徒と一緒に検討したくて、質疑応答をする場合はどうだろうか。対話がはじまると、教師が「ところで、嘘って何かな」と定義するように促しさえすれば、生徒たちは右であげた嘘の定義や範囲をすぐに問題とするだろう。少し時間が経つと他の生徒たちが手をあげて、嘘をつく動機や意図を問題とするようになり、「嘘をついたときに問題となるのは動機とか意図だけかな」と教師が呟けば、たちまち嘘をついたことの帰結についても検討が始まるだろう。そして動機で判断するか、帰結で判断するかといった倫理学ではおなじみの論争も生じるであろう。さらに時間が経てば、それまで黙って聴いていた生徒が「そもそも嘘をつくことがどれほど重要な倫理的問題であるのか、もっと優先すべき道徳的価値はないのか」などといった、これまでの議論の根底を問うような発言をするだろう。これらはすべて、小学校高学年で実際に出された発言であり問いである。

教師は「嘘をつくのはよくないか」という問いに含まれるテーマの多さに圧倒されながらも、生徒の議論を何とか整理して、「全部は無理だから、今回はこの点だけを考えよう」などと提案して、生徒の同意をとり、ひとつの問いについて集中的に議論するように促す。いくつかの対立軸が生まれ、一通りの発言が終わると沈思黙考の時間が到来する。いくつかの的外れな意見や質問が出て、発言者が自ら言葉を引き取ったり、「それは今の話とは結びつかない」などという評価が出たりして、質問は取り下げられる。再び沈黙が続く。別の発言者が、「関係ないかもしれないけど」という自信のない枕に続いて自分の意見を言い、他の生徒が「いや、どこかで関係しているし、結構、重要だと思う」といった発言をすると、教師は「私も何となくそう思うけど、どの辺がいいアイデアになるのかな。誰か分かりますか」などと再び小声で語りかける。生徒たちはいくつかの発言をもう一度思い出し、議論の流れを整理し、発言を分析しようとしてうつむいている。諦めがちの生徒もいて、足をブラブラさせている。教師は誰かが発言しないか、チラチラと生徒の顔色を見回している。もちろん、自分が生徒よりもよい意見を持っているわけではない。すると、教室の時計が授業の終了時刻を知らせる。

実際の対話はこのように進行する。この実際の過程と比べると、プラトンの描くソクラテスの問答はかなり誘導的であり、またスムーズに進行しすぎる。実践家なら、それがフィクションにすぎないと実感するであろう。

さて、ここで記述したのは、あらかじめの結論なく対話を進める教師と、問いに取り組んでなんとか解答を与えようとしている生徒たちのやり取りである。私が指摘したいことは、まさしく思考において行われているのは、後者の対話と同じことだということである。思考とは、規則通りに動くコンピュータにできることではない。機械は生きておらず、生きていない存在には問題がなく、問題がないところには思考はない。コンピュータは人間のための道具にすぎない。ライルは、以下のように思考とは何かの本質を突く主張をしている。

既存のよく知っている通路に沿って従順な仲間たちを導いていく案内者と違って、ピタゴラスのような先駆的な通路発見者にとっては、たどるべき通路は存在しない。…どんなふうにして彼は通路を開拓できるのか。もちろん、通路をたどることによってではない。なぜなら、たどるべき通路は存在しないから。また座して手をもみしだくことによってでもない。そうではなく、通路は確かに存在しないが、幸運、勤勉、思慮によりやがて通路が存在することになるかもしれない地面を歩き回ることによってである。(16)

対話では、いまだに答えがどこにあるか分からない問いに相対して、教師とクラスメートは互いに、かならずしもうまくいくかどうかは分からない定石や手続きを試してみたり、別の考えを思い浮かべ

(16) ギルバート・ライル前掲書、一四六―一四七頁。

とするように示唆したり、別の立場ではどうなるかと問うてみたり、絵や図や式などを黒板に書いてまとめてみたり、身ぶりをしてみたりして、互いに刺激を与えあって、なんとかよい解答を見つけ出そうとする。思考とは、これらのことをあなたがあなた自身に行っている状態のことなのである。

自分の思考を進展させるものは、つねに観念や直感や洞察などの心理的なものである必要はない。さまざまな場所でアイデアを促すとされている本や資料や図や絵画、あるいは何かの体験など日常的な事物や物事で構わない。とはいえ、それがうまく思考を促すこともあれば、うまくいかないこともある。思考とは、問題解決を何とか手繰り寄せようとする実験の過程に他ならない。それは、自分と同じく解答を知らない教師や同輩と探求の旅に出ることである。これまでの旅に役立ったさまざまな器具や道具で、道を切り開こうとするが、うまく行ったり行かなかったり、思い通りに行ったり偶然に成功したりといったことを繰り返す旅である。

対話が思考に似ているのは、それが問いに始まり、どこにたどり着くかおぼつかない旅だからである。科学哲学者のポール・ファイヤアーベントは、科学研究は一定の方法論的規則によって合理的に導かれなければならないという従来の説を批判した。彼によれば、科学的発見には従わねばならない方法論はなく、科学を推進し新しい理論を創造する研究には非合理な活動さえ含まれており、本質的に「どのような方法を用いても構わない」という意味でアナーキズム的な営為である(17)。もちろん、そうした創造活動の成果は、今後は批判的に検証されて、はじめて科学理論として受け入れられて定着する。これと同じことが思考にはあてはまる。ここに、思考力を育成するとされる教育へのヒントが隠されている。

4. 驚きは思考のはじまり

ここまでで私が主張してきたのは、思考を、あたかも人間の脳に備わっているひとつの独立した能力として扱うのをやめ、交渉力とか政治力のように一定の問題解決に向けての多様な試みを含んだ複雑な行為と比較すべきだということである。「考える」というときには、私たちは、誘導しない教師やクラスメートと一緒に問題を解こうとしていることを自分自身に対して行っている。

それでは思考とはどのようにはじまり、どのように持続するのであろうか。

思考しないでいる状態とは、どのような状態であろうか。通常の私たちの生活をなめらかに、習慣的に送っているときである。朝起きて、自宅の洗面所に行き顔を洗って歯を磨く、いつも通りに朝食はトマトジュースだけで済ませ、寝室にかけてあるシャツとスーツを着て、靴を履いて出勤する。朝のこの一場面で、私が少し考えるときがあるとすれば、今日行く場所のいわゆるTPOに合わせた服や靴を選ぶときくらいである。歯の磨き方や食事の取り方は、とくに今日の状況に応じて変えるほどでもない。もちろん、私はこれらの朝の準備の時間に、それなりに毎朝ほんの少しずつ違う状況に合わせて、行動を微妙に変えてはいる。しかしそれらの対応と行動の変化は、「考える」必要があるほ

(17) P・K・ファイヤアーベント(一九八一)『方法への挑戦――科学的創造と知のアナーキズム』村上陽一郎、渡辺博訳、新曜社。

どではなく、ほぼ瞬間的に行われる適応行動である。

私たちが何かを考えはじめるのは、習慣的なやり方やその場での調整ではうまく物事の処理ができなくなったときである。ジョン・デューイは、『思考の方法』(18)という著作の中で、思考の起源は困惑や混乱、疑いであると指摘しているが、これは妥当な考えである。私たちの習慣がすべて上手く物事をかたづけているとき、白昼夢で次から次へと想像を膨らませているとき、そうしたスムーズな状態では「考える」ことはしない。私たちが考えるのは、事態がうまく処理できず、これまでストックされていた処理方法が壁にぶつかり、矛盾をきたすとき、デューイの言葉を使えば、「岐路に立たされる」事態に直面したときである。

ただしデューイは、思考は直接に知覚されないもの、五感に感じられる対象ではないものに限定されると述べているが(19)、私はこの点は賛成できない。確かに、習慣的な態度がうまくいかなかった場合でも、知覚している状況に対して即座に工夫しながら何とか状況にうまく対処しようとしているときには、通常は「考えている」とは言わないだろう。しかしそうした場合にも、高度な知能、すなわち、状況を見抜く洞察力、素早い判断力と対象の反応を鋭敏に感じ取る力、柔軟な対応力、瞬間瞬間に生じる創意工夫、これらの知的能力が活発に活動しているはずである。通常、「考える」という言葉は、もう少し時間に猶予があり、さまざまな可能性を考慮できるような状態にあるときの知的活動を指しているかもしれない。しかし、即応的な知的活動において行われていることも、長い時間をかけて行っていることと、本質的には異ならない。それは、短い時間に活発になされている思考であると言えるだろう。

それでも、私たちが「考える」という場合には、それ以前に習慣的な方法が通用しない状況に直面して——その後に、時間的にはすぐにその状況に対応しはじめたとしても——一瞬であれ、行動の流れが停止して、ひるんだり、身を引いたりしたとき、すなわち、驚いたときから思考が開始されると言えよう。驚きこそ、思考の開始地点ではないだろうか。

驚きは興味深い感情である。驚きを感情に分類すべきかどうかは問題であるが、驚きとは、自分の予測や予感を超える事態が生じて、的確な行動を即座に起こせないでいる状態だと定義してよいだろう。驚く人間は、状況から不意打ちを食らって、受け身に回った状態にある。

感情の多くは驚きの後に始まる（自分自身で何かを思い出してある感情に浸ることはできるが、そういう場合を除いて）。私たちは、予想外の悪しき事態に陥って怒ったり、悲しんだりする。今は風邪が流行っていることを知っていて、電車の中でも咳をしている人が大勢いる。そのうちに自分が風邪にかかっても、私は驚くことはないし、あまり好ましくない事態ではあっても悲しんだり、怒ったりはしないだろう。しかしその風邪のウイルスが体内でひどい効果を及ぼし、思わぬ重症となって入院を余儀なくされたときには、驚くだろうし、悲しんだり、自分の体調管理の甘さに怒ったりするだろう。誕生日が来ることとそのことを喜ぶ人はいないだろう。しかし予想外に欲しかったプレゼントを誕生日祝いにいただけば、驚くし、嬉しいものである。

(18) Dewey, John (1910). *How We Think?* A Public Domain Book (Kindle).
(19) Ibid., p. 2.

驚きとは、その意味で感情の最初の動きである。だから、デカルトは、愛や憎しみ、欲望、喜び、悲しみという他の情念に先立ち、驚きこそが第一の情念であると指摘した(20)。驚きは予想や予感をしていなかった状況に落とし込まれたときに生じる。感情は、その状況に対する評価を伴った反応である。喜びはその状況に対する肯定的な評価である。悲しみは否定的な評価を伴っている退却的な反応であり、怒りは否定的な評価を伴った攻撃的な反応である。感情はその意味で自分が受動的に置かれることになった状況への、即座の反応である。いつも驚いている人間がいるとすれば、普段から予想や予感、あるいは計画というものをまるで行わない人間なのだろう。逆に、全然驚かない人間がいるとすれば、状況についての認識や弁別が鈍すぎる人間だということになるだろう。

さて、驚きが当惑や混乱を伴うことは明らかだだが、であれば、驚きは思考の始まりになる。思考とは、自分の予想や予感を超えた状況を、問題状況と捉えて、その解決を見出そうとする態度である。哲学は驚きとともに始まるというが、それは、哲学は、いつも当然視していたことが見方を変えることによって、予想外のものや意外なものに見えてくることから始まるということである。とするならば、感情と思考とは、驚きという同じ親から生まれた兄弟姉妹である。別の見方をすれば、感情を持ちえない存在は、思考を持ちえないはずだ。人工知能を真の意味で思考させたければ、それに感情を与えなければならない。従来の図式では、思考は理性に結びつき、感情とは対立するものとして理解されてきたが、私たちは思考と感情の関係について改めて考察する必要がある。

5. 情念は思考を動機づける

思考と感情とがともに驚きを起源とする。感情は予想外の状況に対する即時の反応である。感情が持続した場合には、日本語の語感としては「情念」と呼んだ方がよいと思われる。

怒りは、ある人物や状況に対して不当や不正と感じる直接的な反応であるが、通常はこの反応は時間とともに沈静化する。しかしこの反応をあえて意図的に持続させることができる。感情を、精神的に再現しようとする態度は、ある状況に身を置き続け、その最初の驚きの状態を維持しようとする活動である。こうして意図的に持続させる感情は「情念」と呼ぶことができる。情念は、それがなくてはいずれ反応が消え去る思いを、強化し長続きさせる。不正に対する怒りは、不正を糾そうとする情念として持続することができる。これは不正を糾そうとする正義の行動を下支えする意味で有益と言える。しかし別のケースでは、途中で消し去るべき感情を、必要以上に長続きさせる悪しき情念もあるだろう。赦しへと転換しない憎しみや恨みなどがそうである。

思考は、感情と異なり、自分が驚いた状況に対して何らかの新しい方策を生み出して対処しようとする行動である。感情はそれまでの自分の反応を繰り返して自分のそれまでのあり方を変えずに留まっているのに対して、思考は自分を変えようとする。考えるとは、自分が受け身に置かれた状況に対

(20) ルネ・デカルト(二〇〇八)『情念論』谷川多佳子訳、岩波文庫。

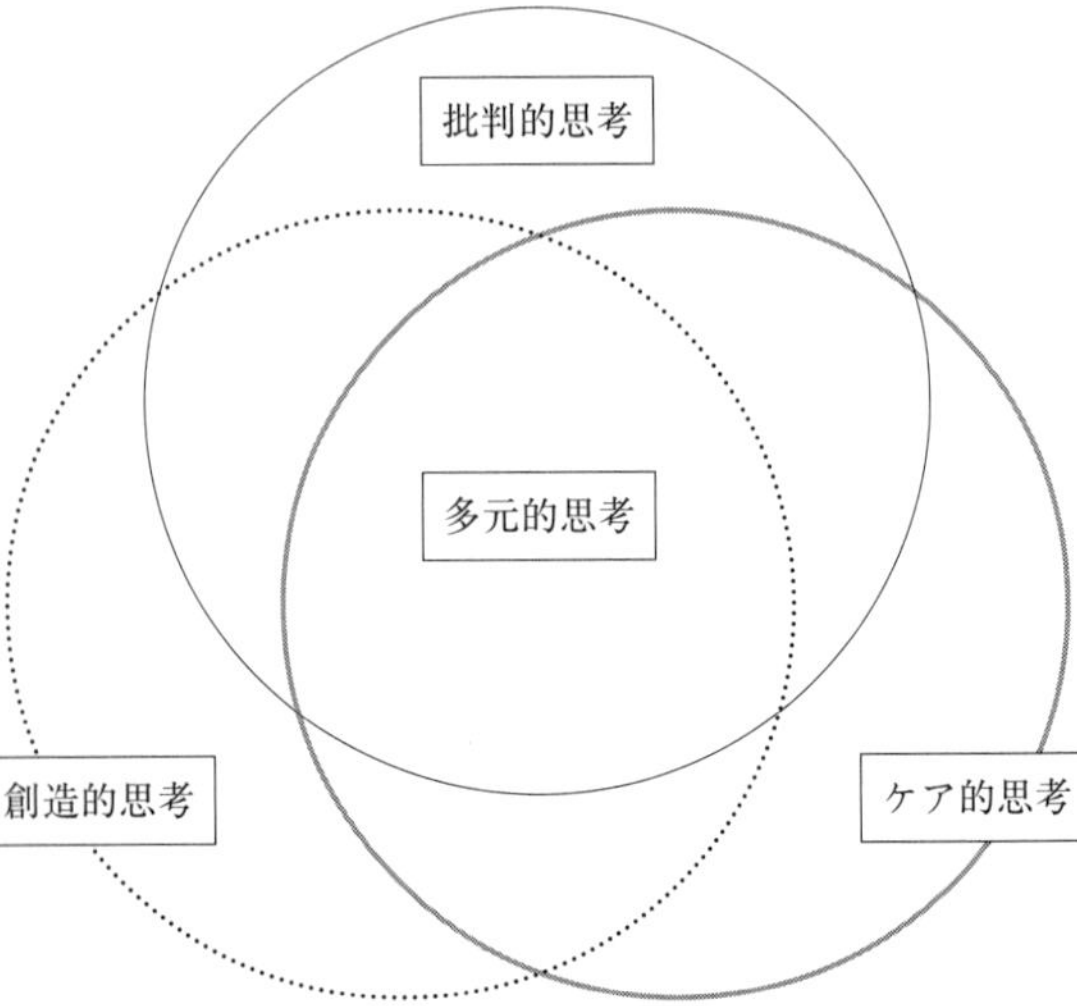

して、感情的な反応をすぐに送り返すのではなく、他の対応の可能性を見つけようとすることである。思考するときには、私たちはその状況に対して、根本的に自己を変えようとしている。したがって、思考とは、受け身の状況を脱して、他の行為の選択可能性を増やす試みである。言い換えれば、思考は、自由への希求を動機としている。

先に見たように、思考しているときに私たちはさまざまな方法や手段や材料を用いて、自分自身に何かの示唆を与えようと努力する。この持続的な努力のためには、問題に解答を与えようとする情念、あるいは状況を克服しようとする情念が必要となるだろう。考える人は、いわばしつこくなければならない。思考は感情によっては動機づけられないが、情念によって動機づけられる。

リップマンはこのことを指摘していた。リップマンは、思考力を批判的思考、創造的思考、ケア的思考の三つの側面に分けている[21]。

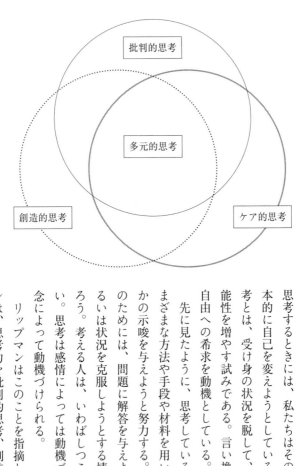

批判的思考とは、ある考え方の真偽や妥当性の根拠を検討してみる態度のことである。検討すべき対象としては、新しい情報はもちろん、常識や慣習、社会通念に加え、先人の知恵や流通している学説も含まれる。与えられた情報や知識を鵜呑みにするのをやめ、自覚的にそれらの根拠を検討してみることに批判的思考の意義がある。これにより、不安定な現実の中でも長期にわたって信じるにたる、十分な理由や根拠をもった信念体系を築くことができる。これは先に述べた「推論の正当化」に相当する態度であろう。

創造的思考とは、文字通りに、新しいものを生み出す思考のことである。それは、想像力に富み、実験的で、発明志向で、他者を刺激し、他者にも新しい考えを思いつかせる効力をもつ思考である。批判的思考と創造的思考の違いは、後者が先進性を重んじる点にある。批判的思考は、検証と吟味を経て、確実だと思えるような知識に到達しようとする。創造的であるには、活発にアイデアを出し、不確実な状況を組み立て直し、さまざまな仮説を立てては検討する果敢さが必要である。それは先に述べた「発見のための推論」に相当する。

以上の批判的と創造的という二つの側面については、これまでもさまざまに論じられてきた思考の特徴である。しかしリップマンの指摘で注目すべきは、三番目の「ケア的思考」あるいは「思考におけるケアの側面」である。「ケア」とは、文字通りに、配慮する、気配りする、世話をする、面倒を

(21) マシュー・リップマン(二〇一四)『探求の共同体——考えるための教室』河野哲也、土屋陽介、村瀬智之監訳、玉川大学出版部。

見る、看護する、保護するといった意味である。思考にはケアの側面が切り離せないのだというのが、リップマンの主張である。

ここでのケアとは、思考が思考する対象への気遣いであるとともに、思考の仕方への気遣いである。教育について思考するという場合には、教育の対象である子どもに対する気遣いが含まれているというよりは、子どもを育てる情念の一環として思考を行っているというべきであろう。そして、その場合、どのように子どもに接すればいいかということが重要なケアのあり方であるのと同様に、どのように考えればよいかも大切なケアの一側面となる。子どもをどう教育しようかと考えている人は、子どもを気遣うと同時に、自分の態度がどのような変化を子どもに与えるかを気にかけるからである。子どもに対する思考を支えているのは、子どもへの情念であり、子どもについて考えようとする人は、繰り返し子どもを思い出し、そのときの感情を賦活させようとするだろう。

草木の美しさとその作りの精妙さに驚いた人間は、なぜそのような美と精妙さが生まれるのかを考えようとするだろう。それと同時に、そういう人は、さまざまな絵の具をとりまぜながら繊細なタッチで、あるいはダイナミックなタッチで草木の絵を描き、季節や背景や光を気にかけながら写真を撮り、記録を残しておくであろう。そして、もっと生き生きと草木を写実するにはどうすればよいかと思い、何度も山を歩き、再び草木の美に驚く体験を積み重ねるはずである。ここにあるのも、驚きから情念へと深まり、思考へと促される過程である。

思考は、問題解決のためのさまざまな自己教示であるが、それを支えているのは、その対象への情念にまで成長した驚きなのである。情念がなければ、思考は価値を失う。強制された思考では対象に何らの情念も持ちえず、立ち返るべき驚きも経験していない。そうした無感情で無関心な態度では、思考は決して十全に機能することはない。思考力を育てるというときに、教育者がもっとも気を払うべきことは、この情念の持続ではないだろうか。教育においてもっとも重要なのは、子ども自身の関心や興味からはじめて、子どもがその情念を維持できるようにガイドすることなのである。それは終わらない深い問いへと関心や興味を導くことなのだ。

6. what, why, how——三つの問いと思考

このように、思考の起源にあるものは驚きであり、思考を持続させるものは情念である。驚きは他の感情の起源でもあるが、驚きがその場での感情を超えて、思考の起源となるには何が必要なのだろうか。言い換えれば、自分が置かれた状況に対して感情的な反応ではなく、思考をもって向き合うには何が必要だろうか。それはこれまでもすでに示唆されていたように、状況が「問題」として把握されることであろう。それは問いかけとしての状況に直面するということである。

問いとは何であろうか。それは無知の自覚と知への欲求からなっている。自分が無知であることを自覚するには、何を知らないのかを知らなければならない。何かを知らないということは、逆に何かを知っていなければならない。「埼玉県の県庁所在地はどこだろう」という単純な質問にしても、日本が都道府県という地方自治体でできていること、自治体には行政機関の中心があることを知っていなければならないだろう。私たちは、自分の世界に、無知という空隙のようなものが穿たれているこ

とに気づいて、そこを埋めたいと思うのだ。

しかし問いにはさまざまな種類がある。学校で教わるのは5W1Hという問いで、「いつ、どこで、誰が、何を(何が)、なぜ、どのように(いかにして)」というものである。これは主に、人間の行為の状況について聞くものであろう。人間のなす行為をモデルにして出来事を理解しようとする問いである。「いつ、どこで、誰が」という問いは、その行為の状況や文脈を知ろうとしている。これに答えるのが困難であろうとなかろうと、問いそのものには難しさが含まれていない。ここで問題としたいのは、「何か what」、「なぜ why」、「どのように how」である。

人間が対話しなければならないテーマはこの三つである。したがって、思考を真に要求するのもこの三つの問いである。「いつ、どこで、誰が」は調査し、実証することによって明らかにすべきことであり、解答の正しさを議論して検証することはあっても、対話そのものによって解答が与えられるたぐいの問いではない。邪馬台国がどこにあったのかは日本史学で長い論争となっているテーマであるが、研究者たちは仮説を支持する証拠を議論しあっているのであり、議論だけで邪馬台国の位置が特定できるわけではない。それを特定するのは決定的で実証的な証拠である。どのような問いに解答しようとするのでも、一定の思考が必要とされる。埼玉県の県庁所在地は調べればわかる。近年であれば、信頼できるネット情報で簡単に解答が得られるだろう。この場合、ネット検索を思いつけば、ほとんど思考はいらない。しかし、「何か」「なぜ」「どのように」はそれ以上の思考を要求する。

科学の問いは「いかに」を本質としている。当の現象がいかに生じたのか、その原因と結果について説明することが、科学的知識のモデルとなっている。「いかにして地震は発生するのか」「どのようにしてエンジンは動いているのか」は、それぞれ地震とエンジンの稼働という現象が生じるメカニズムを尋ねている。「いかにすればより正確な地震の予知は可能になるか」「いかにすればエンジンの燃焼効率がよくなるか」といった問いも科学的である。それは、人間の技術やテクノロジーのメカニズムを尋ねている。

本来、きわめて複雑な現象である宇宙から、原因結果という線形的な関係性を切り出し、その間に法則的な関係を見出すのが科学の役割である。そのために、複雑な現象をひとつの因果関係へと純化させる実験上の設定と操作が、科学研究には本質的である。二つの薬剤を混ぜ合わせたときの化学反応を見るには、その他の条件を制御して、あるものは排除し(夾雑物をなくす)、あるもの(たとえば、温度)は一定に保たねばならない。そうでなければ、法則性を割り出すことができない。

こうして、科学の知は、つねに対象を制御したり介入したりする必要があるという意味で、本質的に操作的である。科学の知が、「いかに」という問いに答えるものになっているのは、科学とは対象をいかに操作するかについての知だからである。したがって、科学の知が「いかに」という問いに関わっているかぎり、それが要求する思考とは、対象・目的に到達する方法と手段を発見しようとする試みのはずである。

それに対して、哲学の問いは、「~とは何か」、あるいは、「なぜか」を基本としている。この二つは、哲学の伝統的な問いであり、前者は、存在をどのように分類するのかに関わるので、「オントロジカル(存在論的)な問い」、後者は、物事が成立する根拠を問うので、「根拠の問い」と呼ばれることがある。

前者は典型的には、「時間とは何か」「宇宙の究極の単位とは何か」「善とは何か」「正しい知識とは何か」といった問いであり、後者は「なぜ宇宙は存在するのか」「なぜ悪が存在するのか」「なぜ法律が必要なのか」などの問いである。分析哲学的な伝統においては、これらの問いに答える前に、問いの意味を明らかにする必要があるため、「どういう意味か」というのが哲学の基本的な問いと考えられている。

しかし実は、科学はこの哲学的な問いに無関係でいられることはない。科学は、その根底において哲学につながり続けているからである。たとえば、物理学は、究極的には、「時間と空間の関係はどうなっているのか」「自然法則は実在しているか」などの問題と無関係ではいられないし、「知能とは何か」「意識とは何か」などの問いに関わらずにすむような脳科学はありえない。「法とは何か」「真理とは、事実とは何か」「なぜ人間が人間を裁けるのか」といった哲学的な問いに無縁の法学は存在しない。「平等とは何か」「貨幣とは何か」「等価であるとはどういうことか」などという問いを含まない経済学は存在しない。したがって、あらゆる科学の知識は、「いかに」という手段・方法に関わる問いだけではなく、「何か」「なぜか」という哲学的な問いにも最終的に関わらざるをえないのである。

7. 哲学の問い

このオントロジカルな問いと根拠の問いについては次章で詳しく論じることにする。

問いは、解答されることを望んでいる。問いに解答するには、問い自体が明確に立てられていなければならない。たとえば、ブラジルのサンパウロ市がどこにあるかという問いについては、緯度経度を問うているにせよ、行き方を問うているにせよ、どういう答えをすれば質問者が満足するかは明確である。計算問題に解答を与えることは、その問題がどんなに難問でも、何を問うているか問いそのものは明確である。質問者と解答者が、算術というある種のルールに従えば同じ解答に到達できるからである。検算という解答の確認方法も存在している。

「いかに」という問いも同様に、それに解答することがどれほど困難なものであろうと、問いそのものは理解されやすい。というのは、到達すべき最終状態が示されており、そこへと至る道筋が問われているからである。たとえば、「どうやれば地震の予知はより正確になるか」という問いは、現在よりも正確な地震の予測という到達すべき最終状態がはっきり示されている。「がんの抑制遺伝子はいかにはたらくのか」という問いも、到達すべき最終状態は明確である。

これに対して、哲学的な問いの困難さは独特である。哲学的とされる問い、たとえば、「宇宙には何が存在しているのか」、「無限は実在するか」、「真理とは何か、それを人間は知りうるのか」、「なぜ無ではなく、存在者が存在しているのか」、「善悪の基準とは何か」、「公平とは何か」といった典型的な哲学の問いに答えることが困難なのは、それがまごうことなく真剣な問いかけであるにもかかわらず、質問者自身にも解答者にも、何を問うているのか、どのような答えをすれば質問者が満足するのかが不明確だからである。

形式的には、確かに、「〜とは何か」という問いには「〜である」と解答すればよいだろう。「なぜ」という問いには、「なぜなら〜」という形式の解答を与えればよい。しかし、「美とは〜である」というひとつの解答を与えたところで、質問者がすぐに納得のいく解答が得られそうであろうか。どのような問いが立てられているのかが、質問者にもよく分かっていないのであれば、質問者はどのような知識が得られることを期待すればよいのだろうか。質問者と解答者の間で、まずどのような解答が得られれば質問者は満足するのか、問いを定めるところからはじめなければならないのだ。これが、哲学的な問いについての解答を教えることがきわめて困難な理由である。

教師が子どもに質問をしているが、どのような答えをすれば教師が満足するのか、教師も生徒も誰も分からないのであれば、「教える」という行為はなりたたないであろう。「教える」という行為は、知識と呼ばれる地点にすでに到達した者が、いまだに到達していない者にその地点とそこまでの道のりを伝えることだからである。「教える」という行為は、その意味でどこまでも手段的・方法的である。

しかし哲学的な問いにおいては、問いを発する者が、自分がどこにいるのか、どこを目指しているのかさえわからない。これでは「教える」ことはできない。

子どもの哲学における探求でも同様である。子どもの哲学における対話でも、教師は教えることができない。教師や大人ができることといえば、子どもと一緒になって問いを探求し、思考が促されるように対話をファシリテートすることだけである。小さな子どもでも、哲学の問いには、学校の問題のように正解を与えることができそうにないことを直感的に知っている。しかしそれでも、それについて考えてみたい、問いに何とか解答を見つけてみたいという気持ちにかられるのが、哲学の問いの特徴である。

だから、子どもの哲学において問いは、教師から与えられるよりも、子どもたちが自分で立てる方がよい。そして問いを立てることに十分な時間を割くのは、問いを立てる作業そのものが哲学的だからである。時間をかけて、できるだけ多くの参加者が——教師自身を含めて——興味を持てる問いを見つけようとするのは、到達する地点がどこか分からない旅に付き添わせるには、せめて動機と意欲を共有している必要があるからである。

哲学的な問いには、決して解答がないとか、決してひとつの正解がないという言い方は、本当は正しくはない。哲学的な問いについても、もう解消されたと思われる問いも存在する。あるいは、問いの分析がかなり成功して、解答がいくつかに絞れる状態になった問いもいくつも存在する。そうした場合には、その問いにどのような解答をするかは、学問上の立場の違いとなる。たとえば、人間のアイデンティティは、自分が属する共同体が民族性などの過去から引き継いだ文脈にあるのか、それとも自分で合理的に選択した人生の航路にあるのか、といった解答の違いは、政治哲学上の党派の違いとなっている。

そうした問いに対しては、解答者は、既存の解答の何かを選択したり、いくつかの解答のあいだで立場を決めたりするようになり、探求するというよりは意思決定すべきものとなる。そうした一定の立場や前提に立てば、その問いに関してさらに細かいトピックを立てていくことが可能である。そこで立てられた問いはさらに技術的になっていき、それに解答することは、細かな注釈をつけながら自分の位置取りをしていくゲームのようなものになっていく。問いはさらに多くの前提に立つようになり、その前提を共有してはじめて解答できるような研究となる。哲学的な問いがテクニカルな問いに変質している。科学の問いが、哲学から離れて、ひとつの技術になっていくときにはこれと同じことが起こる。当初は好奇心から生まれた問いを探求していた科学研究は、徐々にテクノロジーとなり、そして何かに役立つ手段や方法となっていく。

しかしそうなってしまった哲学や科学は、前提を共有するグループだけの関心事となり、多くの人の思考を誘うものではなくなる。哲学的な問いとしての興味深さは減じていく。専門分野としての哲学は、現在、さまざまな下位分野に分かれているが、そこでの問いはかなり技術的になっており、他の分野の人は関心を持たなくなってしまっている。

本来の哲学の問いの特徴は、前提を問い直し、立場や役割を掘り崩していくことにある。子どもの問いがしばしば哲学的であり、哲学的に考えることに向いているのは、子どもが前提や立場や役割にいまだに縛られていないからである。哲学の問いは、最初の問いよりも後退していく。問いが立っている前提を問い直すからである。たとえば、「なぜ子どもは勉強しなければならないか」という問いに対しては、「勉強はしなければならないものか」「子どもとは誰のことか」「勉強とは何か」という最初の問いの前提がさらに問い質されるようになる。「勉強とは何か」という問いに解答しようとしていると、「学ぶとはどういうことか」というさらに前提を問う質問がだされて、問いが後退していく。これが実際に、哲学対話で生じる問いの変更である。「後退」という言葉が適切でなければ、問いが「メタ」になっていくというべきかもしれない。メタとは、ギリシャ語で、もともと「後ろ」という意味だが、「超えた」「高次の」という意味をも指す。だが、このメタということは抽象的になるということとはかなり意味合いが違う。問いの前提を掘り下げていくということである。問いをメタのレベルにしていくことは、問いに答えられるように、前提を立て、領域を絞り、テクニカルにしていく過程とまさしく正反対の過程に進むことである。問いに対してテクニカルな解答を与えることによって最終的に得られるのは、技であり習慣である。哲学の反対は習慣であると先に論じたが、ここでもこのことは当てはまる。哲学は、技と習慣を問い直す。だが、私たちは、とくに子どもは、哲学の問いに魅了される。なぜ、このように、手を伸ばせば後ろに下がっていくような、逃げ水のような問いに強力な魅力があり、それによってこそ思考が促されるのであろうか。次章で検討することにしたい。

第3章 思考とは何か(2)
――対話との関係

「ともかく続けなければならない、放棄してはいけない。」そう言って彼は勇気をふるいおこし、くる日もくる日も、…描いては消し、消してはまた描くのだが、仕事が進めば進むほど画面からは線が消え、線が消えればあとにはほとんど何も残らなくなるのである。描くことは消すことにほかならなかった。なぜなら、実際の顔のなかには一本の線もないからである。「消す勇気をもたなければならない、顔が消滅するのを怖れてはならない。」

矢内原伊作(22)

(22) 矢内原伊作(一九九六)『ジャコメッティ』宇佐美英治、武田昭彦編、みすず書房、六〇―六一頁。

1. 哲学の問いの二つの特徴

前章から引き続き、思考という能力とは何か、そしてそれがどのように対話と関係しているかについて考察してみよう。

哲学の問いは、「とは何か」と「なぜか」が中核をなしている。しかし、哲学の問いという固有の問題群があるというよりは、どのような会話であれ、その二つの問いを掘り下げていくならば、自然に哲学的なレベルの対話になると言った方がよいだろう。あらゆる問いに哲学的なレベルがあると言うべきかもしれない。いわゆる哲学の専門的な問いとは、ある分野の知識を前提にして、その前提を受け入れた者だけにとって問題となるような問いが多い。現代哲学でもそのような専門化した問いに満ちている。しかしそれらの専門的な問いが前提を問い直すという意味での哲学的な問いになっているか、怪しむべきかもしれない。

他方、子どもの哲学では、子どもが関心を示すならば、どのような問いからはじめても構わない。どこを入り口としても、問いをメタレベルに追求すればかならず哲学の問いとなるだけではなく、重要な問いは草の根のように相互に繋がっており、一箇所を引き抜こうとすればすべてを引き抜くことになるからである。

たとえば、「なぜ、人はハゲるの」という子どもの問いに対して、ふざけた質問だとか、ないしは生理学に関する知識の欠如から来る質問だとか簡単に退けないほうがいい。そこには、身体の変化に対する子どもの真剣な問いかけが含まれているからだ。老化による毛髪の脱落に単に生理学的な説明を与えても、子どもは分かったような、不満足のような顔をするだけだろう。

子どもの問いは、成長と老化という身体の変化をこれから自分が被るはずだという、不思議さと不安の入り混じった感情からくるものであり、究極的には、「なぜ、生物は、いや、存在は同一のままであらず、変化するのか」という自己同一性と生成の間の緊張感のある問いに繋がっている。自分が変化していくにもかかわらず、それがどのような変化なのか先が見えないならば、強い不安感を感じないだろうか。魔法使いがあなたに何か変身の呪文だけをかけておいて、どうなるか説明していないような状況になっていることを想像するといいだろう。どのような変化が「正常な」ものなのか、自分の身体はそうした基準に沿って変化してくれるだろうか。周りを見回せば、だいたい成長と老化の特徴はつかめる。しかし、それと同じことが自分に訪れるのだろうか。標準とされるものに自分は属しているのだろうか。「ハゲ」に関する問いは、そうした不安の入り混じった笑いを背景にしている。だから、子どもは友だちが円形脱毛症にかかったときには、残酷にも笑い冷やかすとともに、自分もそうなることにある種の怯えを感じている。

「どうしてハゲることが気になるの」という問いかけをすれば、以上のような気持ちが吐露されるであろう。哲学の問いはすでにこの驚きと恐怖の感情のなかにしっかりと含まれている。どのような問いも、決して軽く見てはならない。子どもの問いが軽く見えたならば、それは子どもの幼稚さではなく、あなたの哲学的なセンスの欠如を示している。どのような小さな何気ない問いでも、逃さずに哲学化していくことこそ、ファシリテーターの務めである。

2.「何か」という問い

さて、ここで哲学の二つの問い、「何か」と「なぜか」を分析してみよう。これまで述べたように、「何か」という問いは、存在をどのように分類するのかに関わるので、「オントロジカル(存在論的)な問い」と呼ばれることがあり、「なぜか」は、物事が成立する根拠を問うので、「根拠の問い」と呼ばれることがある。

オントロジカルな問いは、たとえば、「心とは何か」とか「友人とは何か」といった形で出され、「心とは、外からは見えない意識のことである」とか、「友人とは兄弟のように退屈な他人である」などと解答する。

「とは何か」に対して、上のように「〜とは、〜である」という解答を求める限り、その問いは述語づけを求めている。述語づけるとは、主語に対して何かの述語を当てはめることである。論理的に言えば、それは包含関係と限定とに関係していると思われる。たとえば、「人間とは何か」という問いに対して、「人間は政治的な動物である」(アリストテレス)といった解答がなされる。「人間」という主語に、「政治的な動物」という述語が与えられる。人間が動物という集合の一部であるという包含関係が示されると同時に、他の動物と人間との間に線を引く特徴、この場合には「政治的」が付加され、集合が限定される。「人間は動物である」は真であるが、それだけでは「人間とは何か」という問いに答えたとは言えない。他の動物との差異が示されることで、動物という集合の中に、「人間」

という部分集合を特定する本質が示される。

本質とは、集合に属するメンバーすべてが共有する特性のことである。オントロジカルな問いとは、何かを分類するための問いであり、集合関係の問いであると言ってよいだろう。友人とは「兄弟のように退屈な他人」と解答したなら、「他人」と呼べるものの集合の中で、「兄弟のように退屈」(「一緒にいても刺激とならない。刺激にならなくとも一緒にいられる」)な人物のことを指している。もちろん、「退屈」が今度は定義されなければならないけれども。

しかし現代の哲学では、本質を明らかにする探求は非常に評判が悪いと言ってもいいだろう。従来、哲学は物事の本質を追究しようとしてきた。たとえば、「愛とは何か。あらゆる愛に本質的な特徴とは何か」。「人間とは何か。あらゆる人間がもつ共通の特徴とは何か」といった問いである。

しかし、ここにはひとつの前提がある。すなわち、ひとつの言葉でまとめられている事柄には共通の性質があるという前提である。たとえば、「人間とは何か」という問いに、「人間」と呼ばれる個体の集合に共通の属性を見出すことになるが、本当にそんなものはあるのだろうか。進化論的に言えば、人類は他の霊長類と共通の祖先から徐々に進化してきたはずである。その連続的な変化の中に、ここまでが人類でここまでが人類でないという明確な線を引けるであろうか。それとも、「言語が使える」「道具を作れる」「笑う」「遊ぶ」などの特徴が人間の本質であろうか。現在の動物行動学によれば、これらのどれもが他の動物にも萌芽的に見られる行動であり、また、これらの行動を示さない人間もいる。人間と呼ばれる個体すべてを包含して、他の集合から区別できる線は引けそうにない。

あるいは、ヴィトゲンシュタインが提示した「家族的類似」という概念は、本質主義に大きな打撃を与えたことで知られている。たとえば、コウノ家といった家族を見ると、私と母親とはどこか似ており、私と長男もどこかが似ている。しかし、私の母と私の長男はまるで似ていない。類似はチェーン状につながっていて、その端と端とは何の性質も共有していないことがある。ヴィトゲンシュタインは、「愛」とか「人間」「正義」といった言葉でひとつに括られている現象たちや事物たちも、実はコウノ家のような形で類似しているだけであり、そのすべてのメンバーに共通の性質などないのではないかと指摘した(23)。厳密に言うならば、「愛」と呼ばれているものの中には、かなり広範で雑多な現象が含まれているというだけではなく、実は、ひとつとして同じ愛などないのかもしれない。

本質を追究する問いは、ひとつの理想的な雛形をあらゆる個物が分有しているはずだというプラトンのイデア論のような前提に立った問いである。しかし、この前提自体が大間違いかもしれない。

いや、それは違う。本質は存在する。いくつかの特徴を、集合のメンバーが共有しているケースはいくらでもある。私はあるフィットネスクラブのメンバーである。そのクラブの会員は、全員が会費を払い、会員証を受け取っている。そうでなければ会員ではないからだ。会員証を受け取ったことがメンバーの共通の属性だ。神奈川県人とは神奈川県在住の者である。それ以外は神奈川県人ではない。シャンペンとは、フランス、シャンパーニュ地方原産の原産地呼称統制法によって認められたスパークリングワインのことである。それ以外はシャンペンとは名乗れず、スパークリングワインとしか呼んではならない。

このように、人間が人為的に定義を定めて、その定義に従って作り出したり、集合させたりした現象や事物には、本質がある。単純に言えば、人工物や人工的な現象には本質がある。しかし「神奈川県人の本質は何か。それは住民票にある」と言ったところで、思考を誘う問答にならない。シャンペンの定義や第一種郵便物の定義は、インターネットですぐに調べられる。最初から人間の約束事によって分類されている現象や事物について、「〜何か」と問うても技術的な問題にしかならない。調べればわかるからである。私たちは、人工的に一方的に定義された分類に興味を持てない。自然に生じている現象や事物を自分で分類することに関心を抱いているのだ。

いや、それでは足りない。自然の現象や事物でも、分類することとそのことは難しくない。シャンペンや神奈川県人の定義のように、「人類とは何々遺伝子を持った霊長類だけを言う」と自分で人工的に定義を決めて、その集合に入るかどうかだと割り切ってしまえばいい。それ以外の生物は「人間ではない」と言い切ってしまえばいい。ヴィトゲンシュタインが指摘したように、いかに私たちが分類しようとしても、世界はそれほど綺麗に分類できないかもしれない。しかし分類しさえすればいいのなら、「これこれの大きさまでのクジラをイルカと呼ぶ」などと人工的に線を引いてしまえばいい。

しかしそれが興味深いことだろうか。「親友とはなんだろう」という問いに対して、「三年以上、週三回は連絡を取り合っている友人」と定義して、「私にとっての親友とはこれである」と宣言しても、何の対話も思考も呼び起こさない。ただ現象を分類すればいいわけではない。

(23) もっとも家族的類似の概念は、どこかで制限をかけないと、たとえば、恐竜までコウノ家のメンバーになってしまいかねない。あるいは、トンボと万年筆がひとつの種であるとか主張できることになってしまうであろう。それはそれで面白い発想ではあるが。

分類は一方的に対象を割り振るものであってはならず、対象とのやり取りが反映されていなければならない。「何か」という問いが出されるのは、通常の分類に対して疑いが生じたときである。私たちは安定した生活では、「友人とは何か」とは問わないかもしれない。しかし友情の絆が緩み、裏切られ、個々のつながりが危うくなったときに、その問いを尋ねたくなる。

芸術家のマルセル・デュシャンの「泉」という有名な作品の例を考えてみよう。それは、署名と「泉」というタイトルが添えられていること以外、何の手も加えられていないただの男性用の小便器である。当たり前の便器がトイレに置いてあれば、私たちはただそれを使用するだけで「それは何か」などと問うことをしない。しかし、便器に署名がしてあり、「泉」というタイトルがつけられて、美術館に展示されていれば、「これは何か」という問いが生まれてくる。便器が泉であるとはどういうことか。もちろん、何度眺めてもそれは便器である。デュシャンは便器を泉として見るように求めているのであり、対象Xを「便器」として見るのが日常的な態度であるとすれば、デュシャンはその変更を求めたわけである。そして、そのうちに、「便器とは何なのか」あるいは「泉とは何なのか」という何とも奇妙な問いが心に生まれてくる。それは、便器にいかなる名前を与えたらよいかという問題ではないだろうか。

当たり前で、普段から慣れ親しんでいる物についた名前が剝ぎ取られ、不思議な物体として目の前に現れたとき、あるいは、いつもは特に考えるまでもなく当たり前に生じている事象が、突然に輪郭が歪みはじめ、何かよくわからない出来事になったとき、私たちは「それは何か」という問いを発する。それは慣習的・習慣的な物事や事物の分類が怪しくなったときに生まれ、それに自分なりに名前を与えようとする。

慣習的・習慣的な分類には、その事物や物事をどのように扱うかに関する一連の態度が含意されている。カテゴリーは独立で存在しているわけではなく、他のさまざまなカテゴリーと関連しあっている。はじめてライオンを見た人は、驚きと恐怖の感情とともに、それを動物というカテゴリーに入れるべきか悩むかもしれない。生き物であることはわかるが、自分の見慣れた動物に比較してあまりに異質で、どう扱えばよいか分からないかもしれない。しかししばらくその生き物を観察し、行動と肢体の特徴から、大型のネコであることを理解して、それに「ライオン」といった名前を与える。対象に貼り付けられた名前には、その生き物をどう扱えばよいかが含意されている。

もとより、言葉とはつねに社会的なものであるから、あるものに名前が与えられるというのは、ただ誰かがある名前で呼び始めたというだけではなく、その個人が属する集団がその名前を皆で使うようになり、定着しなければならない。そこには、その対象の特徴を観察するだけではなく、人間とその対象の交流や交渉、関わり方、その対象への期待や願いが含まれている。(24)

たとえば、北海道の羊蹄山は、きれいな円錐形をした成層火山であることから、地元の人たちから

(24) 柳田國男は名前と名付けを研究した民俗学者であった。『地名の研究』(古今書院、一九三六)では、地名が一般的にどのように発生したかと、それぞれの個別の地名の発生の仕方を考察しているが、それによれば、地域の開発が地名を求め、開発のあり方と地形が名前に反映しているという。他にも『蝸牛考』、『野草雑記』、『野鳥雑記』などを参考にせよ。

は「蝦夷富士」と呼ばれてきた。しかし、アイヌの人々は、かつてこの山を「マッカリヌプリ」と呼んでおり、以前の日本地図では「マッカリ山(真狩山)」と表記されていたこともあったという。「マッカリヌプリ」とは、後志川《しりべし》の「後ろに置かれた山」という意味である。「後方羊蹄(しりべし)」もアイヌ語の「山・川」という意味であり、阿倍比羅夫の一団がこの言葉を山の名前と誤って理解したのではないかと言われている。

子どもは、しばしば「なぜ、何にでも名前がついているの」という問いを大人に尋ねる。それに対する答え方はさまざまにあるだろう。「何にでも名前がついているわけではない」という答えは真実である。宇宙にある対象の分類は無限に近いほどたくさんあるように思われるのに対して、私たちの実体詞(あるいは名詞)の数は有限だからである。しかしそれでは子どもの問いに答えたことにはならない。子どもは、自分が自分なりに扱おうと思っている、あるいは扱ってきた対象に、大人の社会がすでにラベルを貼り、それをどう扱えばよいかを指示していることに驚く。そして、自分が対象に向かい合うときの態度と、言葉が暗黙に示唆している対象の扱い方のマニュアルの間にズレを感じて、小さな戸惑いと葛藤が生まれる。子どもの「何か」という問いは、この戸惑いと葛藤から生じているのである。

だから、子どもはオントロジカルな問いを大人よりも頻繁に問うだろう。いまだに社会による一定の分類法に完全に身を委ねていないからである。したがって、「なぜ、何にでも名前がついているの」という問いは別の問いに変換されなければならない。それは、「なぜ私が関心を示す対象には、先回りするように社会によって名前がつけられ、分類がすでになされているのか。そしてその名付けの根拠は何であるか」というところであろうか。

「何か」という問いが、それほど私たちにとって重要なのは、その対象をどう扱うかに関する問いだからである。しかし「何か」という問いは、ただ対象についての扱い方を知りたいという欲求に対応しているだけではない。先に述べたように、「何か」という問いは、ただ「なぜそう名付けるのか」だけではなく、「なぜそのように分類するのか」という問いに関係している。

従来、対象を分類するには、以下の三つの規則を満たす必要があると言われてきた。すなわち、(1)区分する視点の一貫性、(2)区分肢の排他性、(3)区分肢の網羅性である。しかし人間の分類には、実際には多様な視点が入り混じりあい、一貫しておらず、多重的で、ときに冗長であり、分野全体を網羅するようにはできておらず、しばしば穴だらけである。区分の階層性もしっかり構築されているわけではなく、つねに混乱している。先に述べたように、名前はもっと実践的な理由からつけられており、偶然性に満ち、状況や文脈に依存している。「とは何か」という問いは、ただ、世界をいかに扱うかにだけ関係しているのではなく、世界を一貫した人間の秩序のもとに配置しようとして出される。しかし、世界を完全に一貫した無矛盾な形で分類することは、おそらく原理的に不可能なのだ。

原理的に不可能であることを望むときには、そこには人間の情念が表現されている。「何か」という問いは、いかに対象を扱うかと、いかに一貫性を持って対象を分類するかという二つの欲求に支えられている。対象とのやり取り、あるいは交流や交渉は、対象のあり方や状況や文脈に拘束される。だから、対象の名前は、視点や立場の違いで幾重にもつけられる。他方、分類は先の三つの規則に表されているように、空間的である。空間的というよりは、むしろ所有的である。分類には、世界を自分が処分可能なものとして所有して、他者の所有との間で明確な線を引きたいとする欲求が表現されている。いかなる事物も、階層的に分類された秩序の中に確固たる地位を持たねばならない。それは世界を所有的に割り振っていこうとする欲求である。こうして分類に成功したときには、世界は人間の所有のもとに置かれる。

だが、行為の対象としての世界はといえば、人間の支配に抗い、むしろ人間に服従を求める。自然のあり方に従わなければ、自然を利用することはできない。人間は、世界の一部として環境に適合したいと願うと同時に、世界を一方的に所有したいと願っている。「とは何か」という問いは、この人間の矛盾した適わない情念に支えられている。

3. 「なぜか」という問い

もうひとつの「なぜか」という根拠の問いは、事象が生じる理由を聞いている。事象が生じる原因と理由とは区別されるべきである。

原因とはある物事が成立するようになった事由のことである。現代では、原因は主に物理的・自然的な現象について言う。これに対して、理由とは、ある行為をする、あるいはそう判断をする根拠を言う。理由は、主に人間ないし生物の行動について言う。たとえば、隕石の落下には原因はある（地球の引力で岩が大気圏内に引き寄せられた）が、理由はない。地震にも原因がある（地下岩盤のズレ）が、理由はない。しかし、人間が、ある商品を意図的に購買するときには理由がある。「その商品が必要だから」「他の同種の商品より安い」といったような理由である。しかし、ある人が花粉症になった原因(花粉の吸い込みすぎ)はあるが、理由はない。花粉症は意図的な行動ではないからである。

理由とは、通常、目的に関係している。現代では、人間や動物の行動には目的があるが、無機物の自然現象には、目的はないと考えられている。(25) ある事象の理由を問うときには、その事象を意図的な現象として捉えている。「どうしてこんなところに自動車を停めているのか」と私たちが聞くときには、「誰かがこんな邪魔になるところに自動車を駐車しているが、その意図は何か」と聞いている。その自動車が津波で流されてきたことを知っていれば、そんな質問はしない。意図を持たないとされる自然現象に理由の「なぜ」を尋ねるのは、カテゴリーミステイクな問いである。

人間の行動のなかで、理由の有無によって意図的なものと意図的でないものを分けることができる。私たちの行動はつねに意図的とは限らない。ある行動が意図的であるかどうかを見定める基準として、「なぜ」という問いに対して、理由を持って回答できるかどうかにある。たとえば、私たちはまばたきするが、その理由を言えと言われても困る。まばたきは自動的な運動で、故意にしているわけではない。もちろん、まばたきには原因がある。ある種の神経系が瞼を瞬間的に閉じるように周期的に指

(25) ただし、これは近代以降の自然観の特徴であって、ヨーロッパでも近代以前には自然物も目的を持って動いていると信じられていた。宇宙全体に目的が備わっていると信じられていたのである。宇宙全体を生き物のように、あるいは、あらゆるものを生き物のように扱う宇宙観の中に人は生きていたのである。

令を出している。さらに、まばたきには目的もある。角膜の洗浄である。しかしこれは、生物としての目的のある反射行動かもしれないが、自分の身体が自動的に行っていることであって、行為主体としてあなたが意図的に行っているのではない。他方で、ウィンクは意図的な行動であり、あなたはその理由を言うことができる。相手に無言で「うまくいったよ」と伝えたかったり、素敵な人に秋波を送ったりしたかったのである。ウィンクには目的がある。

「なぜ」という問いほど、漫然と繰り返されている慣習や制度を問い直すに適した言葉はないだろう。「なぜこのような校則があるのか」と子どもは聞きたい気持ちでいっぱいである。「なぜ制服を着なければならないのか」などと、守る必要性の分からないルールに対して、その存在根拠を問いただしたい。教師は「本校の生徒である自覚を持たせるため」などといった理由を話すかもしれないが、すぐに「なぜ、本校の生徒である自覚を持つ必要があるのか」、「そもそもその自覚とは何のことか」「制服のない他の学校では、生徒は自覚を持てていないのか」「自覚を持つために制服を着るのは有効な方法か」などの質問が出てきてしまうだろう。「なぜ」という問いは、学校のルールがそうでなければならない必然性も聞いている。だから教師は質問そのものを嫌がる。何であれルールを定めることは、その対象に対する権力行使と介入の口実を作りやすいという本当の理由を隠したいからである。

しかし「なぜか」という言葉は曖昧さを含んでおり、ときに原因を問うている場合がある。私たちはしばしば原因と理由を区別しないで質問してしまうことがある。なぜという問いに対して、私たちは論理的な前提を答えるときと、原因について答えるときがある。たとえば、「なぜ自殺はいけないのか」という問いに対して、「それは殺人の一種だから」と答えたときには、「殺人はいけない」という大前提と、「自殺は自分自身を殺す殺人の一種である」という小前提から「自殺はいけない」という帰結を導いている。なぜという問いはこうして、前提へと遡る問いである。

それに対して原因を問う「なぜ」がある。「なぜ病気になるのか」という問いが子どもから出されることがある。これについては、それぞれの病気の原因、たとえば、風邪ならウイルスの活動といった原因を述べるのが、ひとつの解答の仕方であろう。これは科学的・医学的な解答である。その解答は、「いかにして人は風邪になるのか」という問いが尋ねられたときと同じ解答を返している。

しかし子どもの問いは、ただ、ある現象を因果的に辿ることを求めているのではないかもしれない。子どもから発する「なぜ」という問いは、必然性と偶然性の問題に関わっている。私たちがある事象がなぜ生じたのかを知りたいときには、「なぜ、この事象がそのように起こり、他のようではなかったのか」と問いたいのである。同じ条件のもとでは同じことが生じなければならない。ひとつの条件から複数の異なった事態が生じてしまうならば、それは世界が根源的に偶然性にさらされていることを意味する。どんな事象でも事物でも、なぜ他の事象ではなくその事象が生じるのか、あるいは、なぜ他の事物ではなくその事物が存在するのかを説明する十分な理由がなければならない。すべての結果には、そうなる必然的な原因があるという。これは、言い換えれば、無から有は生じないという考えであり、哲学の専門用語で充足理由律と呼ばれる。

「なぜ」という問いはこうして必然性に関わっているが、おそらく子どもの問いも、他でもありえた可能性を問うている。必然性の反意は、偶然性でもあるし、可能性でもある。なぜ、ありえたあの事態ではなくこの事態が生じたのかという問いは、あえて他ではなくこのことを実施した意図や目的があるのではないかと問うている。すなわち、「なぜ病気になるのか」という問いは、「なぜ、他の人ではなく、あえてある特定の人が病気にかかるのか」、「なぜ、悪人ではなく、あえて善人に病気がやってくるのか」、あるいは、「なぜ、すでに苦しんでいる人が、さらに苦しむ病気にかかるのか」という問いなのかもしれない。こうした問いには、「なぜ、病気のような忌まわしいものが、この人にわざわざ降りかかるのか」といった一種の非難の感情が込められている。「なぜ、よりによって私が病気になるのか」、「なぜ私が、他でもない私が、ここで死ななければならないのか」という問いと同じタイプの問いである。そこには、やはり情念が込められている。

知識のある者は、病気がそれぞれの原因によって発生することを知っている。たとえば、「なぜガンになるのか」という問いを発する人に対して、さまざまな要因、たとえば、本人の体質、体調や生活習慣、有害物質との接触や吸引などなど複数の原因が組み合わさることでガンになったのだ、と説明することは可能だろう。しかし、それにもかかわらず、「なぜ」という問いは、しばしば私たちの心に思い浮かぶものである。この病気を発症する系列の因果性に対して、その人が善人であること、無実の人であること、すでに他の病気を患っているといった事態は、まったく無関与である。それぞれの因果系列に必然性があろうとも、複数の因果系列の間の出会いには必然性はない。しかし私たちは、ある事象や事物を因果系列に分けて考えるのではなく、しばしばその全体の存在根拠を尋ねてしまう。(26)

知的には病気の原因を理解し、それが発生したのは偶然であることも理解しながら、「なぜ病気になるのか」という一見すると不合理な問いが心に生じる。なぜ、このような原因と理由の混同が生じてしまうのだろうか。原因と理由が区別されて、なお「なぜ」と尋ねる人は、ある事態が生じる究極的な目的を知ろうと欲している。もちろん、こうした考えは、宇宙がある意図や目的に沿って作られているという信念に由来している。ある人たちは、その信念そのものが誤りである、と指摘することだろう。

「なぜ」という問いの背後にあるのは、どのような情念だろうか。「なぜ」という問いは、過去の原因と未来における目的に関係している点で、時間的と言えるだろう。「何が」という問いが分類に関わっているのに対して、「なぜ」という問いは系統に関わっていると言えるかもしれない。しかし「何が」という問いが、世界に適合することと同時に、世界を所有したいという複合的な欲求に支えられていたように、「なぜ」という問いは、事象や事物が成立している存在根拠とその必然性を問いただしたいのだ。そこには、世界が、自分が、今あるようにあるのはどうしてか、そして別の仕方でもありえたのか(ありえるのか)という問いが含まれている。世界と自分を確かな必然性の中に位置づけたいという欲求と、そこから自由にもなりたいという矛盾した欲求が、両極として同時に編み込ま

(26) では、私たちはあらゆる因果系列の必然的な流れをすべて知るならば、すなわち、宇宙のあらゆる運行を知ることができれば、異なった系列の因果関係がこのときこの場所で出会うことも説明できるのだろうか。宇宙のあらゆる事態が因果法則で決定されていると信じる人は、この問いにそうだと答えるだろう。他方で、世界の因果関係は確率的でしかなく、世界には根本的に偶然が含まれていると考える人もいるだろう。本書は決定論をテーマとしているのではないので、結論は置いておこう。

れているのが、「なぜか」という問いである。

４．問いとともに生きる

このように、哲学の問いとは、主に「とは何か」という分類の問いと「なぜ」という理由の問いからなっている。哲学では、「何か」と「なぜ」という問いが中心になっている。哲学は、驚きから始まり、「何か」と「なぜ」という問いによって、最初の驚きを情念へと転化して進んでいく。「何か」と「なぜ」という問いには、相反する欲求が含まれている。この問いに解答を与えて、矛盾する欲求の一方を実現しようとすると、他方の欲求が再び問いを巻き起こす。だから、哲学の問いは終わらない。

しかし、もし哲学の問いに完全に答えられたとしたなら、どうなるだろうか。世界のあらゆるものはきれいに分類され、あらゆる事象と事物は固定的な位置づけを持つことができるということであろう。また、すべての行為は究極的な目的との関係でゆるぎない地位を得ることになるだろう。そこでは、どの事物も明確に一定の集合の成員となり、どの行為も最終目的の中で価値づけがなされるはずである。そうなれば、人間にとって世界には揺れや曖昧さがなくなり、静止したものになる。生きるということは、その明確に定まった世界を有効に制御する諸々の技術の集合にすぎないものとなる。知的な探求の必要性はなく、教育とはただ記憶し計算する技術をマスターすればよいだけのこととなる。

いかなる将来になっても、このような事態になることはありえそうにない。哲学的なテーマで話し合うときには、最初に出された「正義とは何か」という問いは、「公平とは何か」という問いに移行し、さらに「等しいとは何か」とか「同じとは何か」という最初の問題よりも困難な問いへと移行していく。科学では、しばしば問題を単純な問題へと分解して取り組み、それを最後に加算して困難な問題に答えようとすることがある。しかし哲学の問いに対しては、単純化され分離された問題への答えを積み重ねていっても答えにはならない。哲学においては、もっとも困難な問いに答えられなければもっとも簡単な問いにも答えられない。もっとも困難な問いももっとも単純に思える問いも、実は同じ難易度の問いなのである。「正義とは何か」と「等しいとは何か」とはどちらがやさしい問題であろうか。哲学の問いに初歩的なものなどない。最初から最高に難問である。さらに言えば、哲学の問いは相互に草木の根茎のようにつながっており、どこかを引っ張ればすべてが付いてきてしまう。あらゆる問題に答えなければ、ひとつの問題にも完全に答えられないのかもしれない。

だがそれ以上に、もし仮に究極の分類と究極の目的が解として与えられたとすると、このような世界は死んだような止まった世界となるのではないだろうか。その静止した世界の中に生きる私たちの存在には、価値はあるのだろうか。いや、そのような固定した世界で生きることが可能なのだろうか。これが人間にとってきわめて悪しき世界であるとすれば、何が問題だったのだろうか。

それは、問いに対して解を与えてしまうことではないだろうか。問いに対して与えるべきは、解ではなく、別の問いだったのではないだろうか。私たちは解とともに生きるのではなく、問いとともに生きるべきだったのだ。それは己の中の矛盾した情念とともに生きるということである。

解とともに生きるということは、事象を終わらせ、何かを終了させようとして生きることである。それは死を望むことではないだろうか。解を得たいと焦る人たちは、死への密かな情念に駆られていないだろうか。もちろん、それは、社会的に固定した評価を得たいという情念でもある。すました笑顔で写真に収まるように、お気に入りの自己像を社会の中に永遠に固定させたい。しかしその情念は、根源的には、世界を固定したままにしておきたいと望む、死への情念ではないだろうか。何かの解を得たと信じる者は、世界を切り分け、そこに解を当てはめ、技術によって習慣的にものごとを済ませていくだろう。何にも引っかからず、まるで手早くレジスターでも打つように、何でもすぐに終わらせようとする。人は、世界を技術的に処理する役割に自分のアイデンティティを見つけ、その中に閉じこもり、止まったまま変化しなくなる。そうやって人々は、最終的には世界を無視していく。そして自分を恐ろしく退屈な存在にしてしまうだろう。取りつく島のない硬化した表情が顔に張り付き、役割の仮面が取れなくなっていく。

その反対に、問いとともに生きるということ、たとえば「ジェンダーとは何か」という問いとともに生き続けることとは、男女の二分法とそれに伝統的に割り当てられた役割を疑いながら、態度決定が完全にできないままに他者と自分自身とに相対するということである。「なぜ教育をするのか」と問い続ける教師は、教育をする目的が何であるかわからないままである。自分が目の前の子どもに対して何をすればよいのか、教育が本当に必要なものなのか、教師とは何者なのか、その解が分からないままに生徒に相対することになる。問いとともに生きるのなら、世界をどのように分けて扱えばよいか定まらず、また人間がどこに帰属すればよいか、何を任務とすればよいかも定まらない。自分のアイデンティティは確立されず、不安定なままである。自分はただ人間であるとしか言えない。そうした人の生き方は感情に満ち、ときに不安に苛まれる。

そのような態度は自信のない、人に不安を与えるものだろうか。そうではなく、それは事象と対象にどこまでも付き合おうとする愛に満ちた態度である。逆に、自分は解を得たと思う人間は、対象を技術的に扱い、距離を置いて接する。問いとともに生きる人間は、人を惹きつける。周囲にいる他者もその問いに巻き込んでいく。

5. 経験における思考

ここで、思考と対話の関係について考察しておこう。

前章で見たように、思考は、人間の心に備わる単独の能力ではない。実際の思考過程の中で、私たちが行っているのは、一定の問題解決に向けての多様な試みを含んだ複雑な行為である。対話では、いまだに答えがどこにあるか分からない問いに対して、参加者たちはさまざまな思いつきを話して示唆を与えあったり、絵や図や資料など示しあったりして、互いに刺激を与えてなんとか解答を見つけ出そうとする。思考とは、これらのことを自分自身に行っている状態のことである。

もしこのようであるならば、思考とは対話の内化と捉えてよいのではないだろうか。発達心理学者のレフ・ヴィゴツキーはそのように主張した。彼によれば、あらゆる高次の精神機能は、子どもの発達において二度現れる。最初は、集団的・社会的活動の中で現れ、二番目に個人的活動として思考内部の方法として現れるという。最初は他の人たちとのやり取りや協同作業の中で生じた機能が、やがて個人の中に内化されていく。言語活動は、はじめは周りの人たちとのコミュニケーションとして始まり、この言葉のやり取りが内言へと転化していき、言語は子どもの思考の基本的方法となり、内部的な精神機能となるのだと、ヴィゴツキーは主張する。[27] 言語と思考はもともと互いに独立である。思考は、最初は非言語的であるが、二歳前後になると言語と連結し始める。言語と思考は、こうして次第に相互依存するようになるという。

この考え方は、一見すると非常に説得的である。外的な機能が徐々に内化されていく過程は、模倣活動や一人遊びなど子どもの広範な活動に見られる。集団的な対話の中で学びえたさまざまな推論の仕方、発想の変え方、自分への刺激の与え方は、それぞれ自分で思考するときに役立つであろう。その意味で、集団的な活動が模倣され、内化されたというのは正しい。

しかし、ここで問題としたいのは、思考という活動と対話という活動の差異である。私たちが思考と呼ばれる個人的な活動で行っているのは、本当に内なる対話であろうか。対話の断片を思考が利用していることは間違いないが、思考そのものは、自己内対話とは呼べないのではなかろうか。

前章で私たちが見たように、思考が、習慣的な生活に亀裂が入り、生じた問題を解決しようとするために生まれるのであれば、思考とはそのためのひとつの手段である。あるいは、もう少し具体的に考えてみれば、思考は問題解決をする過程での一局面、さまざまな手段を行使する前のリハーサルだと言えよう。

たとえば、私は趣味で水槽に熱帯魚を飼っている。しかし先日、多くの魚が死んでしまったとしよう。「先月はこんなことはなかったのに」と私は考え始める。水温に問題があったのではないか。いや、きちんと管理していたはずだ。エサに問題があったのではないか。先月と同じだ。しかしエサの管理に問題があったのかもしれない。病気や寄生虫だろうか。その可能性はある。しかしこれ以上考えても仕方がない。いろいろと調べたり、専門家に聞いたりして、問題点を見つけ出すしかない。

あるいは、私はIT企業の営業職である。ある企業に自社の作った製品を売り込みに行く。最初の会合では、先方はあまり強い興味を示さなかった。どうすれば、相手の関心を引くだろうか。先方の会社の事情を考えて、自社の製品のどれをどのように勧めればよいかを考える。しかし私はある時点で思考を停止せざるを得ない。実際にもう少し聞き込んでみなければ先方の事情は分からないし、自社製品をどれくらい先方にマッチさせられるかは制作部から説明を受けなければ分からないからだ。

これらは小さな問題だとはいえ、デューイの言葉を使えば「岐路に立たされる」事態といえる。ここから容易にわかることは、実際の生活では、思考するだけでは問題解決できないことである。算数の問題など学校で与えられた課題や、将棋や碁のようなゲーム内での問題には、考えるだけで解答を与えられるかもしれない。しかしそれらは、非常に限られた設定における人工的な問題である。そこでは、問題を解決するための手段も選択肢も限定されており、到達すべき状況もはっきりと定義されている。この場合は考えるだけで問題が解ける。

(27) ヴィゴツキー(二〇〇三)『「発達の最近接領域」の理論――教授・学習過程における子どもの発達』土井捷三、神谷栄司訳、三学出版。

しかし、実際の生活場面ではこうしたケースはまずありえない。教育学の観点で見るならば、こうした考えるだけで解けてしまうような設定条件で、子どもに問題を与え続ける教育は、真正な教育とは言えないだろう。

経験とは、主体が受け身に環境からの刺激に晒されることではない。「経験」という言葉は、日本語でも英語でも、「出向いて試みる」ことを意味する。それは、環境に適応するまで、テストと操作を繰り返す試行の過程である。思考は、テストと試行のやり方に、体系性と一貫性を与えるだろう。試行錯誤とは、心理学的な定義では、何でも試してみて偶然、成功に到達することであるが、思考は経験の進め方に合理性を与え、その努力を経済的にする。したがって、思考とは経験のための手段であり、その過程の一局面である。

しかし問題解決としての思考は、問題そのものを与えることができない。問題は驚きとともに、外部から、環境から、他者から、やってくる。問題とは、私たちが経験の破綻という形で、出会い、遭遇するものである。思考は、自らを動かす燃料を、驚きと情念から確保しなければならない。経験の手段である思考には、それをうまく整理して表現することはできても、問題そのものを生み出すことはできない。

ボームが言うように、思考はあらゆるものを分離して、断片化してしまう(28)。思考には進む方向性がある。思考は対象を抽象化して扱う。だから、思考は全体を扱うことができない。そして思考は、環境と自己との間に生じた歪みを正そうとして、さまざまな変化を環境に引き起こそうとする。そうすることでまた他の部分に歪みを生じさせてしまう。ある問題解決は別の問題を生む。問いに解答する、問題を解決するという意味での思考は、その意味で、必然的に視野の狭窄を伴っている。先の熱帯魚の例で言えば、私は熱帯魚を飼い続けるという前提に立って考えを進めている。この前提を思考は放棄しない。思考は問題とともに生じ、その問題から自分を養うエネルギーを得ているからである。営業の例で言えば、この商品を売るという前提に立って思考している。この前提を変えるなら、別のことを思考しなければならない。そうなれば、これまで考えたことはすべて無駄になるかもしれない。

思考は、自分の前提にも、自分の生み出した結果にも関与しようとしない。そして、考える人は、自分の前提と結果に固執しがちになる。自分で考えたものには非常に重要な価値があると信じてしまうからだ。そうして、世界は文化的・地理的に断片化していく。分けるべきではないものまで分離して、その分離に固執するようになる。文化とか文明とか呼ばれるものは思考の産物であり、人類を分離するものではないだろうか。このように思考にはネガティブな側面がある。私たちは、ここでまた、ソクラテスとディオゲネスの示唆するラディカルな考えに想いを馳せるべきかもしれない。

6. 対話に終着点はあるか

以上が、個人における思考の働きであるとすれば、複数の人間の間で行われる対話は、これとはま

(28) デヴィッド・ボーム(二〇〇七)『ダイアローグ——対立から共生へ、議論から対話へ』金井真弓訳、英治出版、五〇頁。

ったく異なった過程である。思考の終着点が問題の解決であり、習慣的な日常性の回復であるとすれば、対話の終着点は何だろうか。

学校現場での話に戻すと、実は、これは思考や対話をどのように評価するかという話と関わってくる。思考がうまくいったかどうかは、自分が立てた問題に自分で満足のいく解答を与えられたかによって評価できる。これでも、従来の学校での評価と比べると、自分で目標を立て、自己評価するという非常に先端的な教育を含んでいる。しかし対話はどう評価すればいいのか。対話の目標は何だろうか。

哲学対話を問題解決型学習の中に導入すると、ある時点で対話は不要になる。先ほどから論じているように、思考が経験の一部としての役割しかもたないように、ある地点で結論を出すように対話をシフトする必要性が生まれると、一定の目標に貢献する発言だけがなされるようになり、発言する者も定まってきて、対話は収束していく。有効な目的を達成しようとすると、それに向かって対話が狭められる。そうして、それまでの対話によって生み出されたいくつかのアイデアを仮説として、それを検証していく段階になる。この段階では仮説の検証結果について議論することはあっても、前提を問い直すという意味での哲学対話の出番はなくなる。問題解決の過程は、徐々に技術的な問題に収斂していき、最後に問題は解決される。そしておそらく、別の問題が別所で生じるのだ。

私は問題解決型の学習が不要だとか、教育的に有効ではないと言っているわけではない。問題解決の場に、哲学対話がそぐわないと言っているのでもない。むしろその反対である。フレイレが批判したような「銀行型」の教育よりは、それははるかに優れたものである。ただ、そうした問題解決の一過程に組み込まれた議論は、もう本来の意味での自由な対話とは言えないということである。

対話とは、あるテーマについて自分の考えを提示しあい、相互に検討し、吟味するという過程である。ひとつのテーマや問いに対して、それぞれが意見を出し合うときに、すぐに明らかになるのは意見の多様性である。子どもの哲学をはじめて行った子どもの感想としてもっとも多いのが、「いろいろな意見があるので驚いた」「普段からよく知っている友だちが、あんなことを考えているとは思わなかった」というものである。比較的に文化的・地域的な背景が均一である小学校で行っても、こうした感想が得られる。さらにさまざまな背景を持った人々の意見ならば、異なっているのが当たり前である。

哲学対話の特徴は、自分の意見が皆からの検討に付される点である。通常の話し合いでは、人はどうしても持説に固執してしまう。とくに自分のさまざまな行動の前提となっているような信念や、自分が常識と思っているような信念についてならば、なおさらである。普段はこのような自分の深いところにある考えを簡単には披露しないし、かりに披露してもそれを検討し合うことはしない。大人の方が、子どもより自分の意見に固執しがちであるし、人の意見を聞こうともしないことがある。

しかし哲学対話ではあえて持説を検討し合うことを目的としている。ディベートが持説を擁護して、相手を説得することに目的があるとすれば、哲学対話で重要とされるのは、相手の話を傾聴して、そこで得られた視点や立場から自分自身の考えを検討し、必要とあればそれを変える姿勢でいることである。これが哲学対話と他の対話との違いである。哲学とは、自分の前提や習慣、信念を自己吟味し、場合によっては自己変更する試みだからである。

このような自己吟味の姿勢を保つには、新しい考えを作り出すという気持ちで対話に参加することが大切である。しかしこの気持ちを対話の最初から持つことは難しいかもしれない。皆で対話をするときには、テーマや問いが設定される。そして、誰かがそれについての意見を言う。他の人がそれとは異なる意見を言う。そしてそれぞれの意見に対して、質問が出され、対立する意見との比較がなされ、批判的な吟味がなされる。ひとつの意見は、さまざまな角度と視点から、多様な立場から検討され、広い文脈と背景の中に置き直される。思考は、ある前提に立って議論を進めようとする。対話は議論の前提からさらに引き下がろうとする。思考は進行的で、対話は遡行的である。

議論には、ズームインとズームアウトという過程があると言える。ズームインとは、あるテーマや問いを、さらに詳細にしばしば具体的に論じていく過程である。ズームアウトとは、あるテーマや問いを広い文脈や枠組みに置いて、鳥瞰図を得ようとする過程である。ズームインから得られる議論は、問題解決的であり、専門的で技術的になっていく。他方、ズームアウトから得られる議論は、前提を問い直し、視野を広げて全体的になっていく。哲学の議論は後者を重視する。それはできる限り広い範囲の多様な視点から、問題を考えようとする態度である。対話に参加したものは、自分の意見が自覚のないままに狭い前提や限られた文脈から出ていることを知り、他の考え方の可能性もあることを理解する。こうして、哲学対話によって、参加者は自己束縛を解いて自由になる。それは他者との出会いにより、自分が自分に距離をとっていく過程である。

こうした対話では、問いやテーマに対して解決が出されるというよりは、その問いやテーマ、出される意見に対して、他の問いやテーマ、意見が関連づけられる。子どもの哲学の例を使ってみよう。

「偉いってどういうこと」という質問が子どもから出される。すると、具体例が出されながら、「偉い」という言葉の定義が試みられる。「社会的地位が高い」、「評価に値する」、「努力した」、「すごい」などといった複数の概念と比較対照がなされる。具体的な人物名や振る舞いの事例が出され、その人やその行動が「偉い」という形容に値するかどうかが論じられる。これらの事例は単なる寄せ集めなのか、それとも「偉い」には共通性があるかどうかが検討される。褒め言葉としては、自分よりも目上や年上の人には「偉いね」とは言わない、などといった、言葉が使用される文脈や場面も論じられる。さらに、ある人から、ある地方では、「えらいやっちゃな~」とか「えらいことしてくれたな」といったように、批判あるいは悲嘆の表現として「えらい」が使われることがあると指摘される。

これほど多様な定義の候補が出されると、「偉い」についてひとつの決定的な定義に至ることは難しいだろう。さらに「地位が高いとはどういうことか」「努力したと認められるのはどういう時か」「すごいとは何か」とか、「なぜ人は人を褒めるのか」「なぜ人は評価するのか」とか、「そもそも、なぜ偉いかどうかが気になるのか」といったメタレベルに問いは移行していく。ひとつの問いは無数の線によって他の問いとつながっており、最初の問いに答えるには、すべての問いに答えなければならない。

では、このような哲学対話では何が行われているのであろうか。それは意味づけである。「偉い」という概念は、対話によって、他のさまざまな概念との関連が示され、それが用いられる文脈や場面が明らかになっていく。関連した概念もさらに他の概念との関連が示されていく。こうした関連づけは、意味づけと呼んでよい。ひとつのテーマや問いが、他のテーマや問いのネットワークの中に、水平的に階層的に、時間的に空間的に、位置づけられていく。これがズームアウトする議論の成果である。

対話では、自分の意見も全体の中に位置づけられ、意味づけられていく。単に私の意見の真偽や正否が検討されるだけではない。他の意見との間でどのようなポジションになるのか、どのような前提に立ち、どのような帰結をもたらすものなのかが徐々に明らかになっていく。

人は自分の意見にしばしば固執している。自分の意見が批判されることは、自分が否定されているかのように感じるかもしれない。それゆえに、人は、自分が傷つき、他人を傷つけることを恐れて、議論を避けようとする。議論することは、他者と戦い争うことであるかのように思って、主張が正しいかどうかよりも、ときに妥協し、ときに付和雷同し、ときに多数派について議論を終了させようとする。声が大きいだけで正しくない意見でも追随する。戦争よりは圧政の方がましだというわけである。

しかし対話では、さまざまな意見が多角的に検討されることにより、あらゆる意見が相対化される。ここで相対化されるとは、意味づけられるのと同じことである。そうして私の意見は、疑問や反論にさらされながらも、一定の位置づけ、すなわち意味づけを得る。多くの人が対話に参加すればするほど、全体が理解されていく。それは、自分の意見が位置づけられることであると同時に、自分自身がグループのなかに存在する意味を見いだすことでもある。参加者のグループが分かち合うのは、この意味の全体像である。哲学対話では、抽象概念を振り回すのではなく、参加していくことによって全体の理解が生じてくる。それゆえに、対話には、参加者を真にグループに包括していく働きがある。

哲学対話で行われるのは、問題解決ではなく、問題の意味づけである。意味づけとは、価値づけでもありうる。価値とは優先順位のことである。あるテーマが他のテーマとの関連で優先されるべきであると判断されれば、そのテーマの価値が理解されたのである。

では、対話の終着点、あるいは目標とは何であろうか。意味の全体像を得ることだろうか。そう言えるが、より多様な観点や視点から発言がなされることによって、文脈や枠組みがさらに広い範囲へと広げられることによって、あるいはさらにメタレベルの議論がされることによって、意味の全体像はむしろ広がっていき、最終的な全体像など得られそうにない。であるならば、対話の目標をどこに置けばいいのだろうか。

それは、新しさの発現である。新しさとは新しい組み合わせのことである。あるものは、これまでとは異なった関連性や文脈、枠組みの中に入ることによって新しさを得る。ある問いが新しい枠組みに置かれて、これまでとは別の展開を見せること、あるテーマが異なった人により異なった文脈により論じられること、自分の考えが意外な関連性のもとに置かれてこれまでとは異なった価値づけがなされること、これらが新しさの発現である。グループでの対話が新しい意味と目的を創発して、個々人にとってもそれまでとは異なった考えを持てる場所となる。各人が自分自身を更新して、それまでの自分から自由になることができるならば、その対話は成功したのである。哲学対話には、あらかじめ決められた到着点も方向性もない。唯一重要であるのは、新しさである。新しい存在を生み出すことである。

対話は、新しさを生み出すことが目的であるかぎり、その過程には終わりがない。それは更新することそのことに意義がある、と言い換えてもよい。ジョン・デューイは、教育の目的とは、成長そのものであると主張した(29)。教育には到達地としての目的などない。固定された目的などは存在せず、人々の間で目的が一致するわけでもない。「どこへ向かっての成長か」という問いそのものが、成長の概念に反するのである。というのは、成長とは運動だからである。成長とは、さまざまな人間との接触により、他者との交流に身を開き、いっそう豊かな経験、さらに新しい経験をしていくことである。成長の過程が、次の段階を自生的に生み出すのである。対話の目的は、対話の過程の外から与えられてはならない。いや、対話には特定の目的地があってはならない。もし対話の目的があるとすれば、新しさを追求すること以外ではない。それは、地上に新しい生き物を生み出す共同行為なのである。

(29) ジョン・デューイ(一九七五)『民主主義と教育』(上・下) 松野安男訳、岩波文庫、八章。

第4章 私の中で誰が話し、誰が思うのか
――哲学対話とオープンダイアローグ

諸行為を協調させる核が個人の内側に存在する。そういう仕方で個人は生活の主体である。意識を間主観的なものとしてみることは、こうしたものの見方を放棄することである。その代わりに、多声的な自己を記述する。

セイックラ(30)

1. 個人の概念は対話をどう扱ってきたか

近代社会は、個人をもっとも確かな存在として認め、それを核にしてさまざまな社会制度を構築し

(30) Seikkula, Jaakko (2008). "Inner and Outer Voices in the Present Moment of Family and Network Therapy." *Journal of Family Therapy*. 30: 478–491, p. 483.

てきた。私たち個々人は、自分で考え、決断し、意志し、契約し、発言し、自分の行為に責任を負う存在であるし、そのような存在でなければならない、とされている。こうした存在を、近代的主体とか、近代的個人と呼ぶとしよう。近代的個人は、自らの理性に従って思考できる自律的な存在だとされている。近代的個人は、国家を運営する主権者であり、社会生活を営み、仕事をなし、その責務を担う主体である。

日本という社会ではこの近代的個人の確立が不十分であると、これまで指摘されてきた。日本は、制度的・法的には近代的な個人を基礎とした社会を構築しながら、他方で、多くの人々が村落社会での人間関係のあり方を引きずり続けているという。集団に帰属する意識が強すぎて、自分を一人の自律的な存在としてみることができない。過度の同調性・画一性の要求、異質な人々への警戒心、内と外を峻別する集団感覚、上下関係への敏感さといった傾向が、農村が衰退しても、企業や組織などの集団で生き続けているという指摘が、一九六〇年代から今に至るまでなされ続けている[31]。

この日本の人間関係のモデルを提供しているのが、じつは学校と思われる。学校は近代初期においては、封建的な農村社会に近代性をもたらす機構であった。しかし、個人の存在がさらに重視されるように社会が進んでも、日本の学校は一向に変化しなかった。一斉授業、画一的な内容、規律訓練的な所作の要求、厳格な学年制、障害のある子どもの分離といった日本の学校の特徴は、閉鎖的な人間関係を存続させる後ろ向きの役割を果たしたとは言えないだろうか。

この日本社会の傾向、すなわち、近代的個人が求められていると同時に村落社会の人間関係が存続している傾向については、二つの相反する反応があった。ひとつは、前近代的な人間関係を超克し、近代化を徹底する要求である。もうひとつは、近代社会の個人中心社会のあり方に対する批判である。この二つの相反する反応が生じるのは、日本だけに限った現象ではなく、伝統的社会と近代社会がぶつかり合っている国や地域で普遍的に見られる。

とくに、近代的個人の概念については、哲学・思想、文学の分野からもさまざまな批判がなされてきた。近代的個人とは、権威に頼らず、自ら考え判断する意識である。この意識こそが真理の源泉であるだけではなく、この世の中でもっとも確かな存在なのだという主張に対しては、多くの疑問と反論が投げかけられてきた。

その批判の多くは、自己というものが環境や人間関係から独立に存在できない社会的な存在であることを指摘するものであった。しかしこの批判には落とし穴がある。というのも、近代的個人の概念と同時にその自律性まで否定するようになれば、村落社会の人間関係、前近代的な人間関係に立ち戻ればよいかのような反動的な思想になってしまいかねないからである。現にそうした「昔に戻ればよい」といった前近代性を礼賛する主張は周期的になされ、破綻をきたして消えていくことを繰り返した。

個人の概念は、捨て去ることのできない大切な近代社会の獲得物である。なぜなら、集団の価値を個人よりも重視する立場は、しばしば人々への過酷な抑圧を招いてきたし、人権という私たちの社会の倫理的・道徳的な基盤も、個人を基礎として成り立っているからである。現代の日本でも、驚くよ

(31) 中根千枝(一九六七)『タテ社会の人間関係——単一社会の理論』講談社現代新書。

うな排除性を示す「村落社会」はあちこちにいまだに存在し続けている。とすれば、人間の社会的存在としての側面を、個人の重視と齟齬を来さないような形において認め、かつ、人間関係の重視が個人の擁護と個性の伸長につながるような考えを開発する必要がある。

私は、ここでも対話という行為に注目すべきであると考えている。

あらゆる真理の起点になる「私」という意識、そして、この意識は周囲の環境から独立に脳内に存在しているという想定。あらゆる真理を獲得できるとされる一定の実験観察の手続きに基づいた科学的方法。「私」という意識と科学の実証的方法の二つは、対話を二次的にするという点において一致しているのではないだろうか。近代社会を特徴づける個人概念と科学とは、他者との対話という契機を自分たちの本質から外したことによって、何かを失ったのではないだろうか。

奇妙なことは、この近代的個人と科学的方法を教育する学校において、その態度や生活方式においては、その二つを補完するように子どもたちに集団的な振る舞いを憶えさせ、統制と秩序を与えようとしている点である。近代的個人と科学的方法において欠落した人間関係は、対話によってではなく、規律訓練による集団統制によって補われてきた。

個人概念と科学的方法論の二つを同時に哲学的に提示したのは、デカルトである。デカルトは、「我思う、ゆえに我あり」という格言で有名であるが、当時の先端的な数学者であり科学者でもあった。まず、デカルトの個人の概念を検討することからこの章を始めよう。

2. 思い、話すのは誰か

「我思う、ゆえに我あり」という格言を検討しよう。まず、「思っている」のが、はたして「私」であるのかは大いに議論されなければならない。ここでデカルトが「思う」こととしているのは、自分で自分に語ること、いわゆる内言(無音の発話)である。デカルトの意識とは、自分の声を自分で聞くことである。デカルトはこう書いている。

「私はある、私は存在する」というこの命題は、私がこれをいいあらわすたびごとに、あるいは精神によってとらえるたびごとに、必然的に真である、と。[32]

自分で発話するからには、自分が存在しているのは当然であり、この格言に非の打ち所はないのではないだろうか。しかしすでに筆者は論じたが[33]、デカルト自身も認めているように、ある種の精神病理学的な状態においては、自分の内言を自分が発したものだと自覚できない場合がある。たとえば、統合失調症の幻聴などがそうである。そうした場合には、「誰かが私に不思議な仕方で話しかけてい

(32) ルネ・デカルト(一九六七)「省察」『デカルト』(世界の名著) 野田又夫編、中央公論社、二四五頁。
(33) 河野哲也(二〇〇三)『エコロジカルな心の哲学――ギブソンの実在論から』勁草書房。

る。ゆえに、その誰かあり」という推論になってしまうだろう。しかしデカルトは、そうした疾患の経験を考察の対象から外した。

デカルトは疑ってもみなかったようだが、私の中で生じるとされている「思い」は、本当に自分から発しているものなのだろうか。哲学対話を実践している者がしばしば感じるのは、対話の中で、相手の話を傾聴しているうちに自分でも予想外のアイデアが浮かぶ経験である。先に論じたように、思考とは、問題解決の一部をなす活動であった。その意味で、思考とは、能動的で、自発的、意図的な行動である。しかし、思考という活動ではなくて、ある「思い」が何かに触発されて浮き上がってくるとか、向こうから突然にやってくるといった経験はないだろうか。その際に、その「思い」を生じさせたのは、「私」なのだろうか。

話すということについても同様である。話しているのは、本当に「私」なのだろうか。私たちは、相手の話を聞いているうちに、どうしても質問したくなったり、反論したくなったり、話したくて仕方のない考えや思いが湧いてくる。それは欲求とでも言うべきものである。小学校低学年の子どもたちは、この思いに素直である。哲学対話をやっているときも、我慢できないという感じで、ファシリテーターの問いかけや友だちの意見に言葉を返していく（そうした素直で好ましい反応が抑えられるのは、教師や周囲の評価が気になり始めてからである）。それは、自分が何かを能動的に話しているというよりは、相手や場に話が引き出されているという感じがするだろう。

実際、私たちが日常生活で話すときには、何を話すか決めてから話し始めることは少ない。講義や講演、冠婚葬祭や式典、会見などでのスピーチといったフォーマルな場面や、重要な交渉や取引、謝礼謝罪などの場面では、私たちはメモを持って話し合いに向かう。言い間違いがあってはならないので、書き言葉を参照する。このこと自体が、話すことがいかに自分の計画通りにならないかを示しているのではないだろうか。

私たちは、内容を考えることなく、話すことができる。話すことは、思考を経由して生じているようには思えない。考えるときには何かを準備している感じがするが、普通に話しているときにはそうした感じがない。私たちは、話し続けているときには、考えてなどいない。多くの場合には、反射的と言えるくらいに言葉が口から出てくる。次々に言葉が出てくる。おしゃべりな人も無口な人もいるが、多くの人は、相手の話に合わせて、まるで卓球のラリーをするように言葉をやり取りできる。どうしてこんなことができるのだろうか。

それは、言葉を話すことが、表情や身振り手振りと同じような身体的なものだからではないだろうか。友人が近づいてきたら、あなたは自然に微笑み、うれしさがつい表情に出てしまう。相手が面白い表情をすればおのずと笑い、相手がどこかを痛がっていたら自然に心配そうな顔になるだろう。これと同じような身体的で感情的なやり取りとして相手と話をするのではないか。

このように考えたときに、話すことや思うことは、むしろ「考える」ことよりも「夢を見る」ことに近いのではないか。確かに夢は、自分が想起して作り出したイメージや物語に他ならない。しかし睡眠中の夢は、自分でそれを意図的にしている覚醒時の想起や想像とは明らかに異なる。私たちは、「夢を見ている」という表現を使う。しかし、夢を目の前にある樹木を知覚するのと同じ意味で、「見る」ことなどできない。しかしそれでも「夢を見る」という表現を使うのは、夢が、自分自身で作り出して、自分の「内側」からきている感じがせずに、自分とは別の「(外から)やってくる」という言い方が適当に思うからである。自分とは別のものであるから、「外側にあるものを見る」といった表現になる。

何かが私に帰属すると感じるときには、自分の運動に連動している感覚が必要である。あなたの目の前に蚊のような影が飛んでいる。目や顔を動かしても、それとは独立に影が動いているならば、それは外にある何か、たとえば、蚊とか埃とかだと判断する。しかしそれが眼球運動に連動している場合、飛蚊症《ひぶんしょう》という眼の問題である。言葉や思いに関しても、自分でそれを発した、自分について回っているという感じが伴わなければ、それが自分に帰属しているという感じ(自己帰属感と呼ぶ)は生まれない。夢には、まったくなくはないが、この自己帰属感が弱い。だから、過去の日本でも、別の社会でも、夢が何かのお告げであるとか、霊的な存在による予告であるとか理解されていた。

しかし統合失調症の幻聴にせよ、夢にせよ、それは、所詮、本人の脳で生じている内言や想起のことではないだろうか。オレンジ入りの紅茶の香りをかいで、ふと昔の子どもの頃のことを思い出した。そういう自然発生的に何かが想起された経験は、誰にでもあるだろう。しかしそれは、結局は、私が思い出したのであるし、憶えていることも私が憶えていたこと以外のものではない。対話しているときに、何かの疑問や思いが浮かんでくると言っても、自発的に行った感じがしないだけのことであり、実際には、自分で自分のうちにある思いを表しただけなのだ。こう言ってよいだろうか。

そう断言するには躊躇が生じる。思いとは、自分の外側にある何かが、自分に吹き込んだ外部の異質なものなのだと考えることは、それほどおかしいことだろうか。何かが自分の中に保持されていたということで、それが自分のものである、あるいは自分自身が行ったことなのだと言ってよいものだろうか。逆に言えば、それほど自分という存在は、いろいろなものを自ら生み出していると言えるのだろうか。

ここで私は、思いや考えといったものが「借り物」であるとか「通過物」であるとかいう表現を使ってみたくなる。自分の「思い」や「考え」を少し振り返ってみてほしい。自分が普段人に話していることのどれくらいが、テレビや新聞のようなマスメディアから、書物や雑誌から、インターネット記事から、伝聞からの受け売りであろうか。そのような「知識」なるものを除いて、自分の思いの中に何が残っているだろうか。幼い頃に家族から何度も聞いた話や人生訓、学校での教師や友人の話、仕事場での同僚や上司、部下からの情報、これらを除いてどの程度のものが自分の思いの中に残っているだろうか。「この政治家は信用できないな」と私たちが思うとき、その判断をしているのは誰だろうか。そのようなつぶやきをしているのは誰だろうか。それは私の見解だろうか、それともマスメディアからの影響だろうか、それとも世間一般の通念だろうか、先ほどの友人の噂話の影響だろうか。

私たちの内言の内容は、本当は、どこから来たとも分からない、誰がその発話を命じているのか分からないような、中性的で、混成的で、間接的なものではないだろうか。言語は貨幣のように公共的なものである。それは、今手元にある現金が、たまさか私の手元にあるだけであって、どこから来てどこに行くのかが分からないように、発話も貨幣のように使用者の間を流通しているものではないだろうか。貨幣がどこで作られたかというのは商取引では重要でないように、考えや思いはそもそも流通的なものではないのだろうか。

思う主体あるいは話す主体とは誰かという疑問は、哲学対話の実践家ならしばしば抱くものである。子どもと道徳についての哲学対話をするというと、教師の中には、良識を無視したどのような極端で過激な発言が出てくるのかと危惧する者がいる。しかし、そのような心配は無用である。実際には、子どもはかなり堅牢な道徳観や正義感をすでに有していて、それから外れる発言をあえてする子どもはむしろ稀である。ファシリテーターが子どもの常識に揺さぶりをかけることが難しいほどである。子どもの常識なるものは大人のそれとさして変わらない。小学一年生でも、「人のものを盗んじゃいけない」などと頑として言い張る。子どもの哲学を実践していると、大人とほぼ同じである子どものその常識がどこからくるのかと思う。そして、その根拠を検討することなく、結論としてのみ常識を鵜呑みに保持している点も大人と変わらないのである。子どもも大人も、さしたる考えもなしに、常識を身につけている。そうした常識は、言葉を身につけると同時に獲得してしまっているのではないだろうか。

言語には、それを使用した人々の歴史と遺産、同時代に流通しているさまざまな思想やアイデアが担わされている。私たちの発話は言語という公共の道具を使用して成立するものであるかぎり、私たち個人を超え出ている。自分がある発話をして、自分の意図するところとは異なった解釈をされる。これは、自分がその言葉を用いている文脈と、他者がそれを理解するときの文脈とが、それぞれ異なるからである。この同じ言葉であっても、大きな幅のある理解を可能にするのが言語の包括力である。私たちは、日本語の個々の単語がそうした歴史的で社会的な意味を担っていることを知っている。その単語の力を借りて、他者と会話をしていることを知っている。しかし発話というより長い単位でさえも、実は、単語のように誰かから借り受けて、使用すべき機会に、勘定でも支払うように使用しているだけなのではないだろうか。

もし私の発言や思いが、外部からの触発によって生じたものであり、さらにその内容もそもそも外部から来たものであるとすれば、つまり、発言や思いが借り物であったり、通過物であったりするならば、問うべき疑問は逆転する。すなわち、「なぜ自分の思いでもないものを自分の思いと信じ込むようになったのか」、あるいは、「〝誰かが思う故に誰かがいる〟というべきところを、〝我思う故に我あり〟と思うようになったのは、どのようにしてか」という疑問こそが立てられるべきではなかったのか。自分の覚醒時の思いが、夢のように外にあって「見る」ものではなく、自分で「思う」ものだと判断されるのはどうしてなのか、こう問うべきであろう。

デカルトの主張とは逆に、誰のものでもない「思い」が、いつの間にか「私」のものとなる。誰かの考えが、いつの間にか、「私」の所有物になってしまう。それによって「私」が生まれてくる。そのように誰のものとも分からない「思い」を流通させるとともに、自分のものとすることを促すのも対話である。対話は、思いを人々のあいだに回し、そしてそれぞれに配分していくのだ。

3．オープンダイアローグと統合失調症治療

先ほど、デカルトが統合失調症の幻聴体験を扱うことができなかったと論じた。近年、統合失調症の治療として大きく注目を浴びているのが、フィンランドのヤーコ・セイックラが中心となって開発

したオープンダイアローグという対話的な治療法である。セイックラは、ユヴァスキュラ大学心理学部で教授を務める臨床心理士であり、家族療法士である。

斎藤環によれば、どれほど精神療法を重んじる精神科医であっても、統合失調症だけは薬物治療が必須と考えられているという[34]。というのは、かつての反精神医学運動の中で薬物投与をしない治療が試みられたものの、どれもが失敗に終わったからである。統合失調症だけは薬物治療を必要とするというのは、精神科医なら誰でもが認める事実のように思われていた。

しかし、オープンダイアローグという治療法において、服薬を必要としたのは全体の三五％であり、二年後の予後調査では八二％に再発がないか軽微なものにとどまっている。この治療には、はっきりした効果のエビデンスがあり、ここには「精神医療の新しい可能性」が見出されると斎藤は述べる[35]。その対話の効果はどこから生じてくるのだろうか。

もしオープンダイアローグという対話的な方法が統合失調症の治療に有効であるとすれば、「思う」ことを自己に帰属させるのは対話であると言えないであろうか。セイックラが重視する「対話主義（dialogism）」を以下に見ていこう。

オープンダイアローグとは、「急性期精神病における開かれた対話によるアプローチ」と呼ばれ、治療の対象は統合失調症に限らず、うつ病、ＰＴＳＤ（心的外傷後ストレス障害）、家庭内暴力や小学校教育での応用例まで含まれる。

方法は、斎藤によれば、拍子抜けするほど簡単であるという。相談を受けたメンバーが責任をもって治療チームを組織し、ミーティングを行う。参加者には、患者本人とその家族が中心となり、親戚、医師、看護師、心理士など本人に関わる重要な人物ならば、誰にでも開かれている。そこでなされることは「開かれた対話」である。

対話にはファシリテーターがいるが、対話を先導したり結論に導いたりすることはしない。参加メンバーの上下関係や社会的役割は、ここでの発言に影響を与えない。あらゆるメンバーの発言が許容され、傾聴される。薬物や入院も含め、治療に関するあらゆる重要な決定は、患者本人抜きでは決定されることはない。このような水平的な関係性の中で、話し合う安心感が醸成されていく。

一般的な診断を患者に与えることは逆効果である。専門家が主導する対話は、患者やその家族を受け身にさせ、専門家が一方的に話すモノローグ的な対話になりがちである。医師は「統合失調症」と正しく診断することによって、患者の行動を説明しようとしたのであろう。統合失調症という診断名は、医師の患者に対する対処の仕方を表現している。しかし患者や家族にとっての問題は、医師による病名とは異なった意味づけをまとっている。患者や家族は、医師とは別の問題に向き合っている。

だから、合同ミーティングの場では、患者がどのような状態にあり、その問題は何であるかについて本人と家族の立場から語られる。医師も、患者や家族とともに、患者の症状や不安について探っていく。「〜病」と名付けるのは、患者の患いの意味を確定しよう、それが何であるかを突き止めて、探求を終わらせようとする態度である。オープンダイアローグで医師は、病名を一方的に与えるので

(34) 斎藤環著・訳(二〇一五)『オープンダイアローグとは何か』医学書院。
(35) 同書、一一頁。

はなく、「あなたの人生では今、何が生じているのですか」「あなたの幻聴について教えてください」といったように、患いのある生活のあり方を患者とともに理解しようとする。(36) そうして、「統合失調症」とされる症状は、医学的な診断とは異なった新しい意味をまとうようになる。

セイックラによれば、精神疾患は、脳機能の障害ではなく、共有して伝達すべき現実から疎外されている状態に他ならない。精神疾患を発症した人は、はじめから幻覚や妄想を抱いているのではなく、まず彼らを襲うのは、健常な人には想像もつかないような知覚と思考の変容であり、世界像の根本的な変化である。それは言語を絶した経験であるという。

中井久夫(37)によれば、統合失調症は、内部と外部、自己と他者の境界が曖昧になる疾患である。まず「トレマ」という精神の緊張度が全般に高まり、精神の自由度が減り、周囲からの不安や圧迫感が増す時期が来る。その後には、自分が世界の中心に立たされているような「アナストロフェ」という感覚に襲われ、世界で起こることがすべて自分に向けられていると感じる「アポフェニー」と呼ばれる状態に陥る。感覚が異常に過敏となり、記憶力が異常に増大した感じ、思考が無限に延長したり、無限に分岐したりといった感じを経験する。自分の考えたことが他人に漏れ伝わってしまう(つつ抜け体験、自我漏洩)、他人の考えがどんどん入り込んでくる(思想伝播、思考吹込)といった経験をする。中井はこう書いている。

具体的には意識の木目が見え、時空の地平が手に取る範囲にあるかに感じられる。聴覚過敏は「大きな音」になることでなく、兆候化するだけでさえなく、現実の空間的接近でもある。ある知的な患者は「近くの御陵のスズメの鳴き声が次第に接近し、ついに室内で自分を取り囲んでやかましく鳴いた」と語った。[38] これは空間的接近であるが、遠過去あるいは遠未来という時間の地平もずっと近間に接近する。

統合失調症の急性期には、幻覚妄想は言語化ができず、大海の激浪の飛沫のような断片的な叫びしか表現できない、と中井は指摘する。患者が妄想と一体化している時期には、混迷状態でボーッとしているか、それとも身体を無目的に動かして暴れているかのどちらかであるという。それを妄想という形で、言葉に含まれる因果性やカテゴリーを使って、言語的にまとまった語りができるようになるのは、むしろそうした極期が過ぎた兆候であるという。病的過程は、回復過程の開始である。

極度の恐怖は対象を持たない全体的な「恐怖そのもの」体験ですが、幻覚・妄想・知覚変容は対象化されえます。意識とは一般に〝何かについての意識〟ですから、幻覚にせよ妄想にせよ、それらは意識に対象を与えます。その限りでは健康化の方向に向かっています。幻覚や妄想も自然治癒力の発現といってもよいかもしれません。さらに、幻覚や妄想自体が、つかみどころのない

(36) 孫大輔(二〇一八)『対話する医療――人間全体を診て癒すために』さくら舎、九五―九六頁。
(37) 中井久夫(一九八四)『中井久夫著作集 1』岩崎学術出版社、二〇四―二〇七頁。
(38) 中井久夫(二〇一二)『「伝える」ことと「伝わる」こと』ちくま学芸文庫、三七頁。

多彩なものから単純化し、そして繰り返しとなってきます。つまり意識にとって相手にしやすいものになって行きます。ここに幻覚や妄想の抜けにくさの一つがあると私は思います。(39)

オープンダイアローグは、言語化されにくい統合失調症の経験を共同の場で言語化し、語られてこなかったことを語らしめる手法のひとつである。患者は自分の体験を語り、妄想や幻聴であっても聴き手はそれを受け止め、他の参加者にとって共有可能な意味が引き出されていく。

精神療法においては家族と専門家が対話する。専門家と家族、患者は互いのすべての言葉に対して応答する。そうしてコミュニケーションによって参加者が共進化を起こしていく。それはすべての参加者が変化していく相互的な発展過程である。患者の経験は、参加者のさまざまな観点から意味づけがなされて、問題を表現できる言葉が見出されていく。こうした対話の流れの中で、患者と家族、周囲の人々、社会との関係性が再構成され、そこから、どんな治療やケアがなされるべきかが導き出されてくる。

治療ミーティングでは、対話は目的であるとともに、表現のための方法である。これまでの治療では、患者の精神疾患症状を素早く取り除くとか、家族の中に新しい関係性を築くとか、当事者を変えることに主な焦点が当てられてきた。オープンダイアローグでは、その代わりに、治療の焦点は、治療チーム、家族、社会の他のメンバーのあいだの関係性に向けられる。セイックラの言う「ダイアローグ的な対話(dialogical dialogue)」とは、患者や家族による発話に、周囲の人間がどう答えるかが課題となる。当事者からの問いかけに周囲がどのように応答するかが問われる。

モノローグ的な話し合いでは、患者の行動と診断ばかりが注目される。…しかし、このような〔トラウマを生じるような〕事態ではクライエントの感情的な体験が根っこにあるので、対話的な話し合いのほうが状況全体の意味をうまく理解できるのだ。人間が行動に踏み出す時に肝心なことは、参加者たちの「あいだ」に生まれる。(40)

対話をモノローグ的にさせず、ダイアローグ的にするためには、ファシリテーターは参加者の多様な声を引き出す努力をする必要がある。セイックラはいくつかのガイドラインを示唆している。すなわち、(1)ミーティングの参加者全員ができるだけ早いうちに発言する機会をもてるようにすること、(2)相手が話したことを受けて自分の発言を始めること、患者が何を体験しているかに注意を向けること、(3)専門家同士で自分の観察や考えを振り返ってみること、である。(41)

(39) 中井久夫(一九九八)『最終講義——分裂病私見』みすず書房、五九頁。
(40) ヤーコ・セイックラ、トム・エーリク・アーンキル(二〇一六)『オープンダイアローグ』高木俊介、岡田愛訳、日本評論社、一一九頁。
(41) 同書、六九—七〇頁。

4．対話主義と腹話術――誰かが私の唇を奪って発話させる

以上のオープンダイアローグのごく簡略な紹介を見ただけでも、この治療法が哲学対話といくつもの共通性をもつことに気がつかれたはずであろう。対話のテーマはもちろん異なっているが、参加者に求められる態度や対話の発展のさせ方、ファシリテーターの役割などは、ほとんど同じだといってよいだろう。ファシリテーターのガイドラインも、子どもの哲学で求められることとよく似ている。つまり、それらに共通しているのは、対話が対話となる条件である。哲学対話においても、対話に帰結をもたらすリーダーは不要である。哲学対話では何かを決定しないし、特定の目的や課題を持たない。そして対話において大切なのは、意味の全体性の共有であり、そこから新しいものを生み出すことである。それは対話グループの関係性を新しくし、参加者個々人を新しくすることでもある。

セイックラの対話主義は、レフ・ヴィゴツキーの心理学と共に、バフチンの対話の思想から影響を受けている。ミハイル・バフチンは、さまざまな分野に影響を及ぼしたロシアの哲学者、文芸批評家、記号学者である。とくにセイックラが注目するのはバフチンが提示する「多声性（ポリフォニズム、polyphonism）」の概念である。

まず私たちが気づかねばならないのは、言語表現とは、他者への応答だということである。これは当たり前のことに思うかもしれないが、言語学や認知科学ではこの単純な事実がしばしば見逃されがちである。つまり、それらの分野では、言語表現とは、文法と語彙に基づいて文を生成する活動とし

て捉えてしまいがちなのだ。言語の最小の単位は単語であり、この単語を文法に従ってコード化する。そうしてできた文を連ねて聞き手に発信し、聞き手はその文を解読することによって、私たちはコミュニケーションするという考え方である。

しかし言語表現が他者とのやり取りであるならば、その基本単位も単語や文などであるはずはない。言語の基本単位は、発話とその応答である。相手のない発話など存在せず、どのような発話も、どこかで、あるときに、ある状況と文脈のもとで誰かに向けられている。そしてその応答も誰かの発話に対して、その状況と文脈でなされる。

発話に対して求められるのは、認知科学者やコンピュータ科学者が想定しているように、発話を自分の心の中で脱コード化(解読)することではない。発話した話者が求めているのは、聞き手の返答である。返答は質問という形をとるかもしれないし、反論という形をとるかもしれないし、頷いたり首を振ったりといったボディランゲージかもしれない。無言で無表情な態度も、ある発話に対する確かな返答である。それは単純に聞こえていないときの反応とは、まったく異なるからである。発話を理解するとは、言語的であるか非言語的であるかを問わず、何らかの形で返答することである。相手を理解するとは、こうした応答のやり取りによって、話者と聞き手が一定の均衡状態、いわば「もう一応は言葉のやり取りをする必要がない」と互いに落ち着く場所に至ることである。これは「理解の能動的性質」と呼ばれる。

言語表現において、発話と聞き手は交代して、そのやり取りは一定の時間、持続する。その意味で、言語表現とは一定の時間的な長さを持った社会的な出来事である。言語の真の姿とは、あくまで交代する一連の発話である。一方、文法の授業で用いられるような文には、応答的な性質がまったく欠けている。抽象化された文は、前後に発話や行為の文脈がなく、コミュニケーションの現実からはかけ離れている。応答の欠如とはコミュニケーションの拒否であり、したがって、人間的な交流の拒否に他ならない。医療や教育で見られる、指導者の一方的な語りにはこうした応答性が抜け落ちている。

さて、セイックラによれば、治療における話し合いもその場で始まったものではなく、そこで語られ始めたこともすべてそれ以前に生じたことへの応答である。私たちは対話の異なった場面においても、それ以前に身を浸していた文脈を引きずりながら、どこかで以前の人々への応答を重ね合わせてしまう。

私たちの言語活動は身体的である。私たちが言語を学ぶときには、脳に抽象的な文法と語彙をインストールするのではない。私たちは言葉を、身体を持った他者の振る舞いとして学ぶ。子どもは、大人から自分への働きかけの一部として、同時に身体に生じているいろいろな仕草や所作とともに、一定のアクセントと声色を伴った音声を学んでいく。そこには、子どもと大人とを共に取り囲んでいる環境、彼らが共に向かい合っている対象、それまで共有している文脈も含まれている。大人の発話には、発話の意図だけでなく、微妙なニュアンス、やり取りのリズム、典型表現の行使などが織り込まれている。私たちは模倣という優れた能力によって無数の他者の言葉を体内に蓄えているのである。

バフチンはこう述べている。

他人の言葉は、書き手〔話し手〕の脈絡のなかに移入されても、その本来の指示対象＝内容を保持

しつづけ、その言語上の纏りと本来の構成上の独立性も、その痕跡であれ、保存しつづけるものである。(42)

私たちは、全状況的なテキストとして言語を身につけていく。私たちが学んだ言葉を使って表現をするときには、その学んだときの他者の発話のあり方やその状況を引きずりながら、一種の借り物のままで言葉を口にする。そうして、私たちはさまざまな人から言葉を借用し、それらを新しい状況で使用していく。ときにそれはうまく機能し、ときにはうまく機能しない。私たちは、徐々に借り物の表現を自分で使いこなせるようにしていく。とはいえ、私の発話の奥には、私の唇の先には、それでも微かに他者の声が残り続ける。私に言葉を教えてくれた大人たちも、それ以前の大人たちの言葉の倍音がどこかに残った言葉を私たちに受け渡した。言葉は、こうして幾重にも過去が堆積した道具として私たちに引き継がれる。

私たちは、どこの場面にも用いられたことがないまっさらに新品で、中性的で、非人格的で、抽象的な言葉を、初めての場面で、突然に使うのではない。そんなことでは、どのように言葉を使ってよいのか分からないだろう。いかなる具体的な意味の言葉であっても抽象的であり、それと目の前の具体的な状況をどう結びつけてよいか分からないであろう。私たちは、いわば、前の世代から受けつい

(42) ミハイル・バフチン(一九八〇)『言語と文化の記号論——マルクス主義と言語の哲学』(バフチン著作集4)北岡誠司訳、新時代社、二五一頁。

だ、癖のついた中古品を、それ自身がある場所と機会で使われていたのを思い出して、何とか自分で使いこなしていく。いや、中古品は本当の道具であり、自分で動きはしない。むしろ、言葉を語ることとは、あたかも過去の幽霊たちを召喚して、自分の用立てをさせるような行為なのだ。言葉を学んだときの身体性が、私たちに取り付いていて、自分の復元を訴えるのである。自分が模倣によって取り込んだ他者の振る舞いとは、そのような出現を望んでいるのである。これをバフチンは、発話の「腹話性(ventriloquism)」と呼んだ。

私たちの発話は、他人の声を通して話すことであり、多かれ少なかれ腹話なのである。腹話性とは、文字通りに腹話術のことである。人形使いが唇をほとんど動かさずに音声を発し、あたかも人形と人形使いが会話しているかのように見せる、あの芸能である。私たちの発話はこの人形の発話のようなものである。誰かが私の唇を奪って発話させている。

5. 対話とポリフォニー

このように私たちが発話において用いる言葉は、なかば他者の言葉である。それが自分の言葉となるのは、私たちが、「その言葉の中に自分の志向とアクセントを住まわせ、言葉を支配し、言葉を自己の意味と表現の志向性に吸収したときである」(43)。私たちは、他人から生乾きの表現を学んで、それを自分が発話する場面に用いていく。これらのかつての他者の発話が自分の言葉として専有できるようになるのは、現在の聞き手との間でコミュニケーションが繰り返し成功した場合である。他者の言葉は、他者の湿度と体温がなくなり、自分の体にフィットした道具となったとき、思うような成果を上げてくれる。話し相手の反応に満足でき、言葉を介した他者とのさまざまな共同作業がうまく行ったときに、私たちは言葉の効力に自信を持てるようになる。

こうして私たちは他者の言葉を自分のものとしていくのだが、それでも、言葉の中には、他者のコンテキストの中に、他者の志向に奉仕し続けるものが残る。学んだ言葉が自分の意図するところにしっくり適さず、しかしそれ以上の表現も見つからないために使い続ける。学校で学んだ言葉でも、自分が生きている文脈にうまく同化できず、借り物の服のように肩がこる。私たちは、そんなときに「うまい言葉が見つからない」という。そうした発話をしている自分は自分自身でないかのように感じてしまう。言葉はどこかで他者の身体のようなものである。

こうして私の発する言葉はすでに多声的(ポリフォニック)である。それは、ひとつの発話を何人もの声で語るような出来事である。複数人による対話は、それが複数の人間によって行われるのだから、多重的に多声的な活動である。セイックラによれば、患者自身を含む、医師と家族のミーティングの場では、患者の抱える問題は、患者だけに帰属される症状としてではなく、家族を交えた周囲の人々から多声的に意味づけがなされていく。問題をめぐって、ひとつの発話は前の発話への応答であり、次の発話による応答を待っている。対話は簡単に終了しないし、医師の診断のように「一段落」したりしない。医学的なモノローグの言葉は、オープンダイアローグでは、完結しない多声的な対話とな

(43) ミハイル・バフチン(一九七九)『小説の言葉』(バフチン著作集5)伊東一郎訳、新時代社、六六頁。

ったのである。

この過程は哲学対話によく似ている。哲学対話においても、自分の内なる複数の声が、他人の発話と共鳴することがある。対話では、他者が自分自身の声を代弁することがあり、私の発言が他者の代弁をすることがある。また、他人の発話に対して、自分の中のある部分が賛意を感じていても、異なった声がそれに反目することもある。他者のひとつの発言が二重の響きを持ち、それに応じて私が分裂するのである。すべての言葉が多重の声を持ち、そのひとつひとつで論争が生じる。自分自身の声を他者の声の中に見つけ出し、ある声と結合させ、ある声と対立させ、あるいは、見分けがつかないほど融合している複数の声を分離していき、それらの声の中に自分の位置づけを見出していく。これが対話である。私は自己のうちに複数の自己を養っているからこそ、他者の中の複数の他者と響き合い、共感し、反発しあうことができる。

私たちが発話するときには、自分の内部にあって決して完結しない何ものかが、まるで自分の居場所を他者の中に見つけにいくように飛び出していく。内的なる発話(内言)である「思い」や「考え」は、結局は自足することができず、他者に向けられて放たれ、対話を求めていく。私は自分の内なる声が他者の口から出ることを期待する。いかなる内的経験も他者との境界に顔を出して、他者と出会う。ここにこそ内的経験の真の本質が存在するのである。

こうして考えたならば、私たちの「考え」や「思い」は、ひとつの混じりけのない主体に鎮座するものではない。私の中に生じる「思い」はもともと多元的である。私の中で生じていることは、それら多様な声のあいだの絶えざる交渉であり、対立であり、闘争であり、調停であり、和解や妥協である。

そもそも人格とか、個人とか呼ばれているものは、自分の内側にある安定した心理学的な構造ではなく、他者との多声的な相互交流そのものである。決断や判断とは、その多声的な声をさし当りの合意に導くことにすぎない。私の言葉は何者かに取り憑かれており、その取り憑いた何者かたちとともに、また他の人へと指し向けられる。自己の自律性とは、したがって、自分のことを自分で専有できた、自分で自分を制御できたと幻想することではなく、多声的な自分のあり方を自覚して、それらの声たちを敏感に弁別することに存する。

内言を、たったひとつの意識による独白(モノローグ)と見なしてしまうことは、自分の中の複数の他者たちの発言を止め、彼らに沈黙を強いることである。いや、むしろ人は、自分の中で生じている多声的な状態を終わらせようとして、ひとつの声を大きくして、他の声を沈黙させてしまう。それは、ひとつの声のモノポリー(占有)に加担してしまうことである。あらゆる真理の起点になる「私」という単独の意識、そして、あらゆる真理を獲得できるとされる科学的方法、すなわち、近代社会の基礎となる個人意識と実証的科学とは、最初にあった多声的な対話を忘れることによって成立する。そして最初に対話があったことを思い出せなくなれば、何かが抑圧され、何かが病んでくるだろう。

対話において実現され、対話において実感されるべきことは、他者を制御できるという幻想を離れて、不確実性と曖昧さ、多義性に耐えて互いに生きていくことである。それは自分の発話すらも、完全に専有化できないことを学ぶことである。

6．新しい自己を生みだす過程

では、なぜ対話が統合失調症の治療に有効なのだろうか。私の解釈では、それは対話の二重の効果にある。

先の章で述べたように、対話では、自分の意見も全体の中に位置づけられ、意味づけられていく。自分のある意見について別の参加者から質問やコメントが与えられる。それは自分の声を自分で聞くというデカルト的な循環の中で与えられる自己ではない。私のどこからかきた声を他者に向かって投げかけると、それに返答がくるという、デカルト的な自己よりも広い循環の中で、自分の効力が確認される。他者からの返事の中に、自分の考え(思い)についての言及が含まれ、今度はその自分の考えを少し展開しながら再度言葉を返さなければならない。自分の考えは、他者からの応答によって深まり変容していく。その変容はいわば成長とでもいうべきもので、自分の考えは自分のものでありながら、単純に同一であり続けるというよりは、よりさまざまな観点から見直され、他の視点と関連づけられて意味づけが厚みを増していく。自分の考えが他者を介してうち鍛えられ、展開していく。この応答の中で、もともとは誰に帰属するべきなのかがよく分からないが、しかし私が発した声が、私が引き受け、責を負わなければならない発言として帰属されてくる。自己が多声的であった思いを、自分の声としてある意味で専有していくのは対話の過程の中である。

対話に多くの人が参加していれば、さらに自分の考えがより広く多様性を持った全体に位置づけられていく。参加者たちが分かち合うのは、この意味の全体像である。これが、全体性による意味づけの対話の第一の効果である。これにより、当事者は自分の経験や振る舞いを解釈するより広い枠組みを得て、いわば「客観的」に自分を眺めることができるようになる。むしろこの客観性によって、自分の経験が自分のものとして自己帰属されていく。他者から解釈されることで、自分から発した考えや思いが自分固有のものであることが自覚される。対話とは、自分と他人をつなげると同時に、自分と他人が異なっていることの価値を知る行為である。同じ考えしか提示されないなら対話とならない。違った考えが出会わなければ対話とならない。

対話はある意味でひとつの個体のようである。それは、一様に等質な全体からは遠く、あらゆる部分が分節化していく全体である。そこに属する部分は、他との関係によって、ある働きと役割をあてがわれていく。しかしそこに新しい要素が加わることによって、全体の配置が変化し、それまでとは異なる働きと役割があてがわれていく。対話は、全体として身体を変容させながら、環境を生き抜いていく生物のようである。対話は、あたかも進化する生命のように終わらない。対話する人々は、複数からなる集団でありながら、全体として個体の内臓のように相互に差異化する一方で、相互に組み合わさり、共同で機能する。

そして、対話の第二の効果は新しさの発現である。新しさとは、ここでは、それまでの自分の経験が新しい枠組みに置かれることで、これまでの経験の意味づけから自由になり、新しい自己が生み出されることである。グループでの対話が新しい意味を創発して、グループとして新しい段階になっていく。新しい人間関係がそこで生まれていく。対話に加わった個々人にとっても、それまでとは異なった考えを持てる場所となり、それぞれ自分のあり方を新しくする。先の章で述べたように、対話にとって唯一重要であるのは、新しさである。新しい存在を生み出すことである。

このように対話は、他者との関係性をつなげるとともに、それを新しい関係性へと超出していく。それは共同体を作りながら、新しい自己を生み出していく過程である。対話とは、複数の主語が共同して同じ目的語(論じるべき対象)をとる動詞である。それによって「私たち」は全体として新しい意味に満ちた世界を招聘できるのだ。逆に言えば、対話なき集団は自らを変容させ、更新することができない。対話によって獲得される自己とは、デカルトの自己同一的な意識ではなく、更新する自己である。

第5章　対話する身体はどのように考えているか

私は人生において「歩く」とか「散歩」の術を理解している人にはほんのひとりかふたりしか出会ったことがありません。

ヘンリー・ソロー(44)

これまでの章では、思考の働きが、単純に推論とは同一視できず、私たちが「考える」と呼んでいる活動には、問題解決のためのありとあらゆる行動が含まれることを論じた。人が考えるようになるのは、基本的に「驚く」からである。驚きは思考を起動させる。しかし驚くことは、純粋に記録と推論だけでできた人工知能にはできない。全知全能の神は驚かない。驚きは、ある場所で習慣的な行動を繰り返し、そこに定着した者にのみ生じる。それは身体をもつ者のみが驚けることを意味している。

(44)　ヘンリー・ソロー(二〇一三)『歩く』山口晃編・訳、ポプラ社、三七頁。

身体をもつ者のみが、思考するように誘われるのである。

他方で、対話も身体なしではありえない交流である。私の意見に賛成した他者が「同じ理由で賛成です」と述べることには何の不思議もない。しかし、人工知能同士が、賛成し合う必要などあるだろうか。同じ答えを繰り返す意味が人工知能にはあるだろうか。生物のように自律して生存するのではない人工知能には、賛同するという行為そのものがふさわしくない。同じく、神が人間と対話するだろうか。教え、諭すことはあっても、全能の神には対話の必要などない。神は人間と対話して変わることがないからである。思考も対話も、生命としてある特定の時間と場所に自律的に存在し、それゆえに限界も有する身体を持つ者だけの活動である。

従来の哲学や心理学、認知科学では、思考は、精神的・心理的な活動だとされてきた。しかし以上のような思考と対話の働きを見たときには、それらがともに身体を必要とする活動であり、身体から切り離された心だけから生まれるものではないことは明らかであろう。思考も対話も、人間が身体的な存在であるから可能となる活動である。対話は、相互主観的というよりは、相互身体的な活動である。その身体は、その場の物理的・心理的環境、人間関係に大きく左右され、また以前に身につけた習慣や感性の基準から抜けきることのできない惰性的な側面も持ち合わせている。

思考のさまざまなあり方やさまざまな側面に身体性を見出すことができる。その論じるべきテーマはあまりに多い。そこで本章では、哲学対話における身体的な交流について論じたあとに、哲学プラクティスの一種である哲学ウォークという実践における歩くことと場所、そして思考との関係について論じることにする。

1. 哲学対話の身体

対話はじつに環境に左右される。哲学対話の実践家は、対話のときの環境作りに非常に気を配る。たとえば、哲学カフェを行うには、平等な立場で、自由な発言が許される知的に安全な場所が確保されなければならない。安全だけではなく、物理的にも心理的にも話しやすく、聞きやすく、発想が豊かになり、多様な角度から思いつきがなされる必要がある。そのためには、ふさわしい場所作りと雰囲気作りがなされなければならない。哲学カフェのオーガナイザーは多くのことに注意を向ける。

たとえば、リラックスでき、心地の良い、あるいは適度に刺激のある会場。人数に比して大きすぎる部屋は寒々していて、話しにくいし、あまりに小さくても体を伸ばすことができない。椅子や調度品など、対話にふさわしい内装にすべきである。机は参加者の距離を空け、話すのにやや畏まったムードを作り出す傾向がある。それゆえに、何らかの作業をするのでなければ、対話の空間からは机を外す場合も多い。喫茶店やカフェを使う場合には、店主と相談して、椅子やテーブルの配置に手を加えたりする。

会場の内部だけではなく、会場の周辺の雰囲気も大切である。駅の近くの雑居ビルでは落ち着いた気持ちで会場に入れないだろう。テーマによっては、自然が豊かで、緑や青が窓から見える場所がいいし、ときには屋外でもいいだろう。

哲学カフェは、「カフェ」というくらいで、飲み物や軽食が欠かせない。もとより深酔いしてしまうようなハードリキュールや、満腹するような食事は向かないが、話し合う中で喉の渇きを癒やし、頭に栄養を送る食事は、活発な対話での集中力を維持するには欠かせない。飲食はその場を和ませ、リラックスさせる。かといって、あまりに寛いでしまうと、かえっていい考えが浮かばなくなるかもしれない。適度な緊張感も必要である。休憩時間なども配慮しておいたほうがいい。こうした場所作りや雰囲気作りは、ブレーンストーミングや企業での有効な会議の行い方と共通の秘訣があるのかもしれない。

話し合う人数は、やり方によってまちまちではあるが、二名で話すとき、三名のとき、四名のとき、五名、六名、七名と、それぞれの人数で議論の展開は微妙に変わってくる。話す内容さえも人数によって異なってくる。とはいえ、参加者が多すぎるのは好ましくなく、やはり一〇～一二名程度が、全員が話し合うには適当な人数である。あまりに参加者が多いと、発言せずに、ただ聞くだけの人が出てきてしまう。ただ見ているだけ、聞いているだけの人がいることは、本人も不満足だろうし、その他の参加者も、その人たちを蔑ろにしたかのような少しの後悔の念が残る。

時間を十分に取り、議論が忙《せわ》しなくならないように、すべてをゆったりと余裕のある時間にすべきである。とはいえ、あまりの長時間では参加者が疲労してしまう。適度に休憩を入れた方がよいのは、他の会議や話し合いと同様である。子どもの哲学の場合には、年齢によって体力も集中力の持続する時間も異なってくる。

哲学対話では、できるだけ参加者全員が互いに見える位置に座るようにする。子どもの哲学では、机を教室の四方八方に寄せて、椅子だけにして、あるいは床に直接、車座になって座ることが多い。

正円を作って座るのは、子どもたち全員がいつでもお互いに顔を見て話ができるようにである。円はなるべく小さくして、横の人は触れ合うほどの距離にする。

円形に座るやり方は、通常の日本の教室の配置から見ると特殊である。日本の学校の教室は、多くの場合、個々の机が教壇と黒板の方に向かって四角に並べられている。すべての子どもが先生を見るように配置されている。最近は、グループで作業をしたり、ディスカッションしたりするときには机を配置換えするとはいえ、基本的に教師が教育の場の中心にいる。これはミシェル・フーコーが『監獄の誕生』で指摘したように、ひとつの場所から大人数を管理する方式である(45)。

近代社会は、多くの国民を少ないエリートで管理しなければならない。そのため、人間の身体を一定の仕方で訓練し、その振る舞いを型にはめることによって管理を容易にしようとした。細部にまで至る身体のコントロールは、監獄、病院、工場、軍隊、学校など、少人数で大人数を管理しなければならない施設において実践されてきた。規格化と画一化は、一度に大量の人を扱える効率的な方法である。しかしこの方式では、個々人のニーズは蔑ろにされ、規格に合わせられない人々は排除される。日本の学校には、こうした規律訓練的な身体管理や、一括の規格化がまだ残存している。机や椅子などの教室の配置は、教育における人間の関係性を如実に反映している。

それに対して、教師も含めて円形になって座ることは、そのなかの誰もが特別な存在ではないことを意味している。机を取り払うことで、参加者の顔と頭から爪先までの全身が、互いに露わになる。

(45) ミシェル・フーコー(一九七七)『監獄の誕生――監視と処罰』田村俶訳、新潮社。

発言する者は、表情とジェスチャー、仕草、声色といった身体的な反応をすべて見せながら話している。話している内容と、それらの身体的反応は一体化しており、虚言や上滑りの反応は見抜かれてしまう。それぞれの発言に対して、誰がどのような表情と姿勢、態度で聞いているのか、全員の反応が全員にはっきりと見える。次の発言をするために挙手する者も、ただ聞き入る者も、それぞれの顔つきと身振りを示している。参加者は身体全体をもって対話に参加しており、それぞれの発言に対して、言葉を発さずとも、意識的・無意識的両方の身体的反応で応じている。

哲学対話では、ただ言葉による表現だけではなく、意識的・無意識的な身体的反応もひとつの表現として捉えて対話を行う。これらの身体と対話との微妙で精妙な関係については、高度に理論化されているとは言えない。それでも、具体例なら哲学プラクティスの著作や論文の随所に見られることだろうし、コミュニケーションを円滑にする方法や手法について論じた書籍ではおなじみのトピックスですらある。哲学対話を実践する人たちは、全身的なコミュニケーションとなるように、細心の注意をはらい、さまざまに工夫してその場を設定するのである。

では、その設定の基本原則とは何であろうか。それは、人と人とが媒体なしに向き合えることである。

ここで言う媒体とは、人と人のあいだを仲立ちし、それらが媒介することによって人々がつながりうるような道具的・心理的・社会的な存在である。たとえば、電話は直接には会えない遠方の人間を会話させる媒体である。ネットを利用したテレビ電話は、同じく遠方の相手同士の音声だけでなく、一定の視覚情報をも媒介する。これらは物理的媒体であるが、社会的媒体も存在する。

社会的媒体とは、人と人とをつなぐ社会的な関係性のことを指す。社会的な役割、たとえば、教師と生徒という役割は、一定の仕方で人々を結びつけ、その関係性を制限もする。あるいは、知識や専門性も媒体になりうる。それらは、心理的媒体であるとも言えるし、社会的媒体だということもできるだろう。共通の知識や情報を持っているということは、似た関心と似た前提を持っていることでもあり、これによって人と人はつながることができる。マクルーハンが言うように、媒体はすでに一定のメッセージを含んでいる。[46] 媒体はメッセージをただ運搬するだけの無色透明な箱ではなく、それ自体がメッセージを持っている。いかなる媒体でメッセージが伝達されたかによって、伝達内容とは独立に、あるいは伝達の内容を変容させながら、受け手にメッセージを送るのである。たとえば、同じ文章でも、SNSで伝えられたものと、電話で伝えられたものでは、まったく異なって捉えられる可能性がある。

哲学対話では、これらの媒体を使用せずに対話をするルールが採用されている。すなわち、文書や電子メールのような文字を媒体としないことはもちろん、直接にその場所に足を運び、その場に身体的に居合わせることを重視する。その理由は、先に述べたように、哲学対話は言葉だけのやり取りではなく、全身的なコミュニケーションだからである。あえて言えば、哲学対話の媒体とは身体である。

政治哲学者のハンナ・アーレントによれば、人間の活動的生活には三つの種類がある。[47] ひとつは、

(46) マーシャル・マクルーハン(一九八七)『メディア論』栗原裕、河本仲聖訳、みすず書房。
(47) ハンナ・アレント(一九九四)『人間の条件』志水速雄訳、ちくま学芸文庫。

自分の生命維持、最低限の衣食住の獲得を目的とした「労働」である。二番目の「仕事」は、単なる生命維持を超えた人工物を作り出す活動を指しており、建築物や都市などの耐久財の生産、芸術作品のような文化の製作などを言う。三番目の「活動」は、物の媒体なしに人と人の間で行われる人間の活動である。ここには、政治やコミュニケーションが含まれるという。

アーレントの「活動」は、文化物を含めた物の媒介を経ない人間同士のやり取りを指しているが、ここで哲学対話は「物」だけではなく、社会的な地位や役割も媒介しない、その意味で匿名の人間として参加することを求めるのである。しかし「匿名」とは、まさに「名前がない」だけであって、その人の身体はまごうことなく現前している。表情の乗った顔があり、移動し動作する身体があり、そこにひとつの人格としての身体が存在している。匿名であることによって求められているのは、とりわけ権力関係と利害関係という、対話に一定のバイアスをもたらす要因の排除である。

こうして身体的な表現者としての参加者は、問いの探求という円の中心点において互いに直接に結びつくのである。その意味で、参加者を媒介しているものは、唯一、その場で立てられたテーマであり、問いであり、それに解答を与えようとする探求の過程なのである。哲学対話は、新しい共同体の作成でもある。

2．話すことと身振り

右で述べたように、哲学対話では発言しやすい場所作りをして、自由な発言を促すファシリテーションを行う。参加者には、誰の意見でもしっかりと傾聴するように、そして誰かの発言には質問やコメントをして、できるかぎり応答するように指示をしておくことが大切である。すると(詳細はすでにさまざまな書籍や論文で書かれているので記さないが)哲学カフェであれ、学校での子どもの哲学であれ、普段は発言を控えがちな人たちや子どもたちが、積極的に意見を言いはじめ、周囲を驚かすということがしばしば起こる。これまで学校では、正解を答えないと恥ずかしいと恐れていた子どもが、自分自身の考えを訥々《とつとつ》と話しはじめる。それを他の子どもたちが、「この子はこんなことを考えていたのか」と少々の驚きと敬意をもって聞き入る。こういうシーンは、実践家なら何度となく目にするものである。多かれ少なかれ、哲学対話の参加者は、普段よりも率直な発言をするようになる。

しかし、それにもかかわらず、哲学対話の場で、うまく話すことのできない人たちがいる。ひとつのタイプは、とくに子どもの哲学を教室で実施したときに出会うのだが、まったく話さない子である。引っ込み思案であるとか、内気であるとかいうだけであるなら、発言の機会を順番に設けたり、仲のよい人からの求めがあったりすれば、しっかり話すことも少なくない。しかしそうではなく、人前で、とくに大勢の人がいる公共の場面で話すことに大きなプレッシャーを感じて、自分の考えがあったとしても大きな緊張から本当に話せなくなってしまう人がいる。こうした子どもも、じつはきちんと人の話を聞いているのは、対話の時間のあとに筆記をさせてみるとしっかりした内容を書くことから分かる。こうした子は、特定の状況において言語的なコミュニケーションができなくなってしまうのであって、別の場面や親しい家族とでは問題なく話ができるし、何か知的能力の面で問題があるわけではない。話そうとすると緊張してしまい、口や喉がうまく動かなくなってしまうのだ。いわゆる

「場面緘黙《かんもく》」と呼ばれる子どもたちである。[48]

まず原則は、こうした子どもも対話のメンバーとして、参加者全員で認めることが大切である。対話というのは、命題として頭脳のなかに蓄えられたメッセージを発信することではない。それは、一定の人間関係の中に自分をどう位置づけるのかという、ある意味で実存的な冒険なのである。それは、その場に、文字通りに身を任せる、身を委ねるという勇気が必要な行為である。初めての場所にさして問題を感じずに飛び込んでいける人がいる一方で、非常な緊張感と恐怖を感じてしまう人もいることを忘れるべきではない。話せないタイプの人に話さないことを責めたり、プレッシャーを掛けることはもちろん論外である。本人は、なんとかその場に加わりたいと努力していることが多い、その努力を汲み取らないならば、そのことで傷ついて、なおさら話せなくなってしまうだろう。

しかし他方で、話さないからという理由で対話のメンバーから外してしまうことも大きな問題である。そうした子どもは、話さないことで、さらに話す場面を回避するようになる悪循環に陥ってしまうかもしれない。ここではそうした子どものカウンセリングについて論じることはしないが、一般的に言って、たとえば、イエス・ノーで答えられるような質問をしたり、「隣の人にだけ話してもいいですよ」などといった、さまざまな促しや誘いをしながら、言語表現を引き出し、何よりもその場の参加者が当人を受容していることを示す必要がある。どの参加者にも、コミュニケーションという他者と自分との循環的な過程を、安心できる状態で経験してもらうことが大切である。

しかしここから問題としたいのは、逆に、なぜ私は話すことができるのかということである。今述べたような寡黙な子どもに話してもらうように誘っても、何か自分の中で話すうまいきっかけが摑めずにいるようである。それは不安のような心理的な問題であるとともに、一種の身体的なリズムの問題でもあるように思われる。先の章で論じたように、私たちは、何も考えずに、何の準備もなく、話すことができる。一体、なぜこのようなことが可能なのであろうか。私たちは、なにゆえ、他者に語りかけ、なぜ、次から次へと言葉を繰り出すことが可能なのだろうか。この問いに答えるには、言葉のやり取りを、意味内容や概念のやり取りとして捉える、私たちの従来からの言語観を放棄しなければならないと思われる。

右で述べたように、私たちは他者に対して全身で応じている。言葉で話しながら、私は同時に、顔を変化させ、視線を動かし、声色を変え、呼吸を交え、手や足をいろいろ動かし、身振りをひっきりなしに混ぜている。じっと座っているようでも、微妙に身体は動いており、もっと激しく身体を動かしている人もいる。それらすべてが表現であり、言語的に表現された内容にそうした身体的な動作が付け加わっているというよりも、動作の一部として口を動かし、声を出しているというべきなのだ。とりわけ顔つきや手の振りは重要である。手の動きは、ある状況での動作を再現しており、摑んだり、触れたり、拾ったり、こねたり、叩いたり、引き剝がしたり、切ったりといった、さまざまな動作の自己模倣が、話している間に繰り広げられる。それらの意味は、言語の内容に付け加わるというより

(48) エイミー・コトルバ(二〇一九)『場面緘黙の子どものアセスメントと支援——心理師・教師・保護者のためのガイドブック』丹明彦監訳、遠見書房。モリナガアメ(二〇一七)『かんもくって何なの!?——しゃべれない日々を脱け出た私』合同出版。

は、別系列で直接に私たちに意味を届けている(49)。

3．発話とはリズム

発話とは、さまざまなリズムをもった声の連なりである。それに意味を与えているのは、究極的にはその身振り、言い換えるなら、行為の再現である。動作と身振りが人の目を捉え、そこにリズムのある声がかぶさってくるのであれば、意味の源泉とはむしろ音声ではなく、指さしやジェスチャーなどの動作の再現であろう。発話に伴う身振りや手振りは、言語活動の随伴物ではなくて、これこそが言語だったのだ。先ほど取り上げた場面緘黙の子どもたちも、エスカレータでちょっと機会を逃してしまうと、うまく踏み込むタイミングがどんどん難しくなってしまうように、対話の流れにうまく乗れないひとつの原因として、リズムにうまく乗れないことが指摘できるのではないだろうか。緊張して身体がこわばってしまうのだ。一度タイミングをずらすともう復帰できないような流れではなく、何度でも復帰の機会が得られるような、そうしたリズムを持つ流れをどうやって作ればよいだろうか。これは対話だけではなく、さまざまな人生の場所において考えねばならないことに思われる。しかしまだ私たちは人生をリズムとして捉えるうまい方法を手に入れていない。

人を捉えるのは、他者の動作である。私たちは、人の話を傾聴するというときには、じつは話の内容を聴いているだけではなく、芝居で役者の演技に見入って魂を奪われているときのように、全身をもって話し手に共振し、話の身体性に共鳴している。いったん、私たちは、自分の身体を話し手に預け、その身体の動作と語りを一種の無意識的な模倣によって取り込む。他者の受容をしながら、自分の発話を準備する。それは内容を理解するといった知的な働きである以前に、一種の身体的な共感である。

私たちは傾聴することで他者を受け入れ、その身振りと発話に身を浸す。その他者の身体の侵入はときに力強く、しばらくその身体に支配されたかのような時間がおとずれるだろう。しかし他者の身体が自分に憑依したような瞬間から、私たちは同時に、免疫系が侵入者に反応するかのように、自分の身体をそこから引き剥がそうとし始める。そのときにこそ、言葉が出てくる。他者の身振りと話し振りのリズムが、微妙な違和感を私のなかに生み出し、その反響を自分の体の中に封じ込めるか、あるいは、それを自分とは別のリズムとして切り離そうとするときに、言葉が同じく身体的な所作として発出する。だから私たちは、人の話の途中で、その話を受け継ぎたくなる。しかしその衝動のようなものをいったん抑えて、相手の話を聞きながら、次の発言を求めて手を上げ、ある種の身を整える動作をしてから話し始める。ここで生じているのは日本の芸能や格技の世界で言う「守・破・離」の短縮化されたものなのだ。

この私の身体の反応を見て聞いた他の参加者は、複合的なリズムと響きを自分の身体でさらに切り分けていかなくてはいけない。あまりに多様な所作と声に共鳴してしまうと、多声的な他人の所作が異物のように自分の体に取り込まれ、どれに応じてよいものなのか、混乱してしまう。すべての発言

(49) McNeill, David (2005). *Gesture and Thought*. The University of Chicago Press.

が同時に自分の共鳴を求めるときには、もうすべての発言は全体で雑音のようになってしまい、私はそこに身を浸すことも、身体を共振させてから身を引き離すこともできなくなり、自分の中に閉じこもってしまう。それゆえに、対話は、一歩一歩、ゆったりと進んでいかなくてはならない。

実を言えば、あまりに話さない人と正反対に、あまりに話しすぎて対話をうまく進められない人もいる。誰しもが、ときに話をうまくまとめきれずに長話になってしまうことはあるものだ。しかしある人たちは、あまりに頻繁に多くのことを語りすぎ、前後の他の参加者の発言と無関係な自分語りになってしまったり、知識を披露するのに夢中になってしまったりする。こうしたタイプの人たちは、大人の哲学カフェでも子どもの哲学でもしばしば見受けられるが、その場を独占してしまいがちで、他の参加者が対話を敬遠してしまうこともある。本人たち自身も対話が展開しなくなり、戸惑うこともしばしばである。

こうした人たちは、大勢の人の話を聞くのが苦手である。自分で話したり動いたりして、自分自身に興奮を与えて自分に集中していないと気が済まないかのようである。他者の話を聞いて、それに身を浸すこと、身体的に他者のリズムに自分を共振させることがうまくできないで、自分の身を他者に預けられないのではないか。というよりは、深く身を浸す前に、自分の運動の反応が強く起こり、それを抑えられなくなるようである。いわば、環境や他者への身の預け方が浅いとでも言うべきだろう。あるいは、象徴的な意味で、「呼吸が浅い」とでもいうべきかもしれない。こうした参加者には、何か他者の話を聞いていなければできないような小さなタスクを与えると、うまく対話を噛み合わせることができるようになることがある。以前、こうした子どもにむしろファシリテーター的な役割を与えたところ、熱心に他の子どもの話を聞くようになり、かえって落ち着いて話せるようになったことがある。

対話にうまく入ることのできない人は、あまりに寡黙な人であれ、あまりに多弁な人であれ、何らかの理由で多声的な状況にうまく対応できていない。複数の身体と複数の音声が提示され、それらがそれぞれにリズムを刻むときには、その場には多数の波紋が生じて、それぞれがぶつかりあい、さらに複雑な波形を作り出している。この複雑すぎる波のどれに自分の身を合わせたらよいのか、それを無意識的にうまくこなしている人もどのようにしているのか、よく自覚できないでそれをこなしているのである。

言語を動作と身振りとして、発話をリズムとして理解することは、これまでほとんど注目されてこなかった。しかし、この身体的な表出こそが、コミュニケーションとして言語の本質にあるはずである。

言語を徹底して身体的なパフォーマンスとして捉えるなら、対話の過程と、音楽や演劇、舞踏のようなパフォーマンス・アートの即興(インプロヴィゼーション)との間に共通性を見いだせるかもしれない。

即興芸術家のスティーヴン・ナハマノヴィッチによれば、自由なインプロヴィゼーションは、私たちをまったく新しい人間関係と新鮮なハーモニーに誘う。この即興の語法やルールは、どこかの権威から課されるのではなくて、演者のみの相互作用で作られていく。協働による芸術の制作は、それ自身が新しい人間関係による表現であり、同時に、人間関係への媒体である。パフォーマーは、パフォーマンスそのもので、独自の社会を構築するのである。

同調と呼ばれる現象があります。ふたつか、それ以上のリズムを持ったシステムが、ひとつのパルスへと同調することです。…同調が起きるとき、それぞれの声部は、それぞれに孤立しているのではなく常に互いにほんの少し距離をとりながら、微細な時間のなかで、それぞれのリズムに乗ったり外れたりしながら、途切れることなく互いに見出し合います(50)。

こうしたインプロヴィゼーションの創造的な協働の喜びに対して、反対に戒めなければならないことがあるという。それは、目立ちたい、褒められたい、うまくやりたいという他者の評価を気にすることだという。こうした他者の視線を気にしすぎる態度が、芸術性を消し去り、協働を困難にしてしまう。他者の評価を気にすることは、現在の自分の行動に集中させず、表現すべきことの焦点を曇らせてしまう。逆に言えば、対話において自由な創造に身を任せることができるには、その場で安心できる人間関係を築けなければならないと言えるだろう。その場で自分がどう評価されるか、自分を受け入れてくれるかどうかといったことを気にしているならば、素直に出てくる知的な興味や疑問を押し留めてしまう。対話という即興にうまく身を乗せるには、他者の評価を気にしすぎる生活のあり方から距離をとってもらうことが必要である。話しすぎる人に対しても、あまりに寡黙な人に対しても、安心感をさらに配慮したファシリテーションが必要なのではなかろうか。

4. 歩くとはどういうことか

心理学でも認知科学でも、現在の心の科学はどこかでデカルトの心の概念を受け継いでしまっている。もちろん、デカルトの精神実体論、すなわち、心とは身体から独立した非物質的な魂であるという考えは、現代の科学者の多くが拒否するだろう。しかし他方で、思考を生み出す言語を備えた心が脳の中に存在しているというデカルトの心の概念は、かなりの数の研究者が暗黙のうちに受け入れているテーゼではないだろうか。実際に、チョムスキーからはじまる認知心理学の伝統はそのような考えに基づいて展開されている。

しかしこれまで論じてきたように、対話と思考が徹底的に身体的な活動であるならば、デカルト的な心の概念はそれを説明するにはふさわしくない。一見、古代的で、神話的で、現代の視点から見れば馬鹿げてみえるかもしれないが、私は、心を古代ギリシャの「プネウマ」、すなわち、気息、風、空気、息吹、生命の呼吸として捉えたり、東洋的な「気」の概念で捉えたりするほうが適切ではないかと考えはじめている。もう少し簡潔に言えば、心とはすなわち呼吸ではないかという考えである。呼吸は、外気を身体内に取り込み、吐き出す循環の過程であることは説明を要さない。呼吸は、さま

(50) スティーヴン・ナハマノヴィッチ(二〇一四)『フリープレイ——人生と芸術におけるインプロヴィゼーション』若尾裕訳、フィルムアート社、一六二—一六三頁。

ざまなリズムと持続を持ち、身体の内部の状態と外気とを、そのリズムと持続で一定の状態に保とうとしている。それは外界の存在の一部を自己に取り込み、己を形作り、活性化する。

この呼吸に象徴される循環とリズムにこそ、心と呼ばれるものの本質がある。このように考えるほうが、言語を携えた非物質的な魂というデカルト的な心の概念よりも、適切に対話と思考の働き方を理解できるのではないだろうか。デカルトの考えでは、思考とは、環境や身体からの影響を受けずに、どこでも、いつでも、同じように行える抽象的な作業であるかのように想定されている。しかし、私たちの思考は、あたかも呼吸のように、同じ動作に見えても、場所によってさまざまに異なってくるような、環境との文字通りの交換であり交流である。第7章で私たちは、「トポス」、すなわち、ギリシャ語で言う「場所」であり「話題＝トピック」でもある概念について考えるが、私たちが話し合うことができるのは、同じトポスに入ることによってである。この意味で、私たちが考える内容も、自分の意図では制御できず、身体的で環境に左右されてしまうものである。心とはすなわち身体のリズムであり呼吸であるという考えを提案するのは、心はトポスに入ることで働き出すからである。

であるとするなら、私たちは、よく考えよく対話するためには、身体がどのように働くのか、環境と身体の相関について真剣に留意しなければならないはずである。

哲学プラクティスの中には、哲学ウォーク(philosophical walk)という実践がある。現代のオランダの哲学対話の実践者であるピーター・ハーテローが発案し、現在、さまざまな場所で、さまざまなやり方で実践されている哲学対話の一種である。[51] この名前通りに、参加者は歩きながら、哲学的なテーマについて考え、道の途中で立ち止まり対話するという、一見、変わった形態の哲学プラクティスである。

私がはじめてこのプラクティスを行ったのは、カンボジアのアンコール・ワットだった。アンコール王朝のスーリアヴァルマン二世が、一二世紀の前半に三〇年をかけて建設したこのヒンドゥー教寺院は、一六世紀に仏教寺院として改修される。深い緑のなかを三輪バイクのトゥクトゥクで移動すると、砂岩でできた壮大で精妙な建築物が現れる。ハーテロー(51)のガイドに従い、世界遺産に登録された遺跡のなかを、カンボジアの仏僧とともに歩きながら、さまざまなテーマについて考えた。他の観光客は「何やっているんだ、あの人たちは」といった顔で、珍しそうに、訝りながら私たちを見ていた。

最初に、司会役から実施の仕方が説明されたのち、たとえば、「人間は考える葦である(パスカル)」とか、「神は死んだ(ニーチェ)」とか、「大知は閑々たり、小知は間々たり(荘子)」などといった哲学の名言が書かれた短冊がそれぞれ参加者にひとつ渡される。それぞれの短冊には異なった名言が書かれている。あるものはシンプルであり、あるものは考え込むような難解な言葉である。

いよいよ出発となると、みんなで一列に並んで無言で歩く。ファシリテーターが順路を先導する。歩いていくうちに、その名言にふさわしい場所を見つけたら、集団に停止をかけて、その場所がなぜふさわしいかを説明する。他の参加者は発表者に短く質問をする。発表者は質問を聞くだけ聞いて、その場では回答しない。そして再びみんなで歩きはじめる。発表者は自分に浴びせられた質問を歩き

(51) 以下の論文は、神奈川県江ノ島で実施された哲学ウォークの報告である。ピーター・ハーテロー(二〇一三)「哲学ウォーク」河野哲也監修、西山渓、渡邉文訳、『立教大学教育学科研究年報』五七号、一〇七―一一四頁。

ながら考えていく。こうして、それぞれの参加者が自分の場所を見出していく。歩いている時間は一時間半ほどであった。

この一見奇妙な哲学対話に参加した者は、考えるべきテーマを与えられて歩くと、歩行の最中に注目するものが普段とは異なることに気がつくだろう。おそらくいつもの自分でならば気にも留めない植物や樹木の一部、道の形状、道端の石ころ、鳥の飛び方、人々の動きに目を向けるのである。しかしそれは特定の探しものをするのとはまったく異なる。それは、アンコール・ワットの有名な第三回廊の女神とはどれかと探すのとはまるで異なる。見つけるべきものはいまだに姿を明確にしていない。私は何かに出会い、私のなかに何か求めている感覚が生じることを待っている。おそらくその感覚が生じたときには、「これだ」と私は気がつくことだろう。しかしその感覚が何であるのか、はっきりとはいまだに摑んでいない。おぼろげながら何かを求めている。だが、それが何であるか明確に言葉で表現できない。こうした中途半端な状態で、何を見るともなく、いろいろに見ながら歩き続ける。途中で諦めて踏ん切りをつけてしまい、何か適当な植物が生えている箇所を指定して、「これが〝人間は考える葦である〟を表現している場所です」と同行者に宣言し、ほどほどに納得できる説明を加えることは、いつでもできる。しかし、それでは私自身、心の底から満足はしまい。

他方で私たちは無限にアンコール・ワットを散策できるわけではない。ファシリテーターは、歩く時間は小一時間ほどにすると言っていた。時間は限られている。もう半分近く時間は過ぎているだろう。その何かを、もうそろそろ見つけなければならない。このまま本当に満足できるものを見つけずに、時間で終了となるかもしれない。私は目をいろいろなところに向けて探し回るのをやめ、歩きながら正面に現れたものが、その言葉にふさわしいかどうかを考えるようにしていた。思い込んだものを探し出そうとするのではなく、目の前にあるものをどう解釈するのかが問題なのだ、こんな風に考えを切り替えながら静かに自分の感性が動くのを待った。焦点を絞った眼差しをしきりに動かすのではなく、全体を漠然と眺めた。むしろ景色を三六〇度見るようにしよう。「遠山の目付」というやり方だ。歩みは自然とゆっくりになってきた。考えてみれば、その名言は、概念とか意味とかいった抽象的なものではなく、最初からある種の風景を指しているのではなかったか。というよりも、その名言とは音ではなかったか。この私の目の前にある風景が、その音がする風景になればいいのだ。

これが、はじめての哲学ウォークで感じた私の心の流れである。ほんの一時間ほどの間に、せいぜい二キロほどの散歩の間に、私は、自分の視野と感性を広げては狭め、アイデアを風景と結びつけ、それを緩め、積極的に目を凝らして探し、風景を睨みつけ、諦めて風景を受け入れ、自分は何を探しているのか何度も言葉を思い出し、考え直した。これは短い旅であり、集約的に経験された人生そのものであった。歩くということが、これほどまでに言葉と風景の間を行き来する経験をともなっていることをはじめて実感した。私たちは各々の小一時間に、それぞれ人生の要約を生きているのではあるまいか。

松尾芭蕉は各地を訪れて俳句を読んだ。哲学ウォークは、その正反対に、俳句を与えられて場所を探しているようだ。いや、そうではない。やはり私たちは芭蕉のように、ある場所を訪れて、その場所に触発されて名句を読んでいるのである。哲学ウォークは、思考と対話が発現するトポスに身を浸す試みである。哲学の名句のトポスと、アンコール・ワットのトポスという二つの場所をひとつにする作業を、歩きまわることで行うのである。

　このような経験は、自動車や電車、飛行機など機械を使った移動ではけっして得ることができない。話し、見回し、立ち止まり、探し、急に回転し、振り返り、後戻りし、寄り道し、話し合うといった行為と両立可能なのは、歩くことだけである。これらの動作こそ、思考に必要な動作である。いや、思考とは、話し、見回し、立ち止まり、探し、急に回転し、振り返り、後戻りし、寄り道し、話し合うことなのだ。座っているだけでは、探せないし、遠くまで見渡すことはできない。ということは、十分に思考できないということである。足を繰り出すスピードと間隔とは、人間のあらゆる活動を統べるリズムである。あまりに早く考えることは、身体のどこかを置いてけ堀にしてしまう。それは、全身が誘われる思考をもたらすことができないということである。

　電車や飛行機では、私たち乗客は座っているだけで何もしない。運転手や操縦士も全身を使っているとは言えない。自動車は自分の体で運転をし、空気を感じることもできるが、いかんせん移動速度が早すぎる。周りを見回し、好きなときに停車するには、道路というルールに拘束されすぎている。乗り物は、一般に社会的な規約に束縛されすぎている。おそらくサイクリングですら早すぎるし、身体の使い方が限定されていて不自由なのだ。

　乗り物のうちで、歩くことにもっとも近いのは、著者の経験ではカナディアン・カヌーに思われる。もちろん、ホワイトウォーターに挑むスポーツとしてのカヤッキングではない。河と湖をカナディアン・カヌーで進み、森のなかではそれを担いで踏破する移動だ。カヌーは深い思索に誘われる。インディアンやイヌイットは、哲学するためにこの乗り物を作ったのではないかと思えるほどだ。しかしそれは歩いているときやトレッキングしているときとは、思考の働き方がかなり異なる。カヌーを漕いでいるときの方が、より深く、より多角的に、その場所に包まれる。自分は環境の一部分となり、その一部分全体が移動する。自分は水となり、その水が海に向かう。歩いているときには、自分の身体は環境に包まれつつも、それから身を引き剝がし、足を宙に浮かしている。カヌーでの思考は、歩行のときよりも形而上学的になる。

ヨットと乗馬は、圧倒的に素晴らしい経験であるが、歩くこととは似ていない。乗馬には、馬という相棒がいる。相棒と自然について対話しながら進んでいく。だが、この相棒と私とは志向性がかなり異なり、ときに初心者には難解な言葉を容赦なく浴びせてくる。馬の歩行のリズムは、人間の歩行のリズムと異なるが、非常に快適であり、快楽をもたらす。ケンタウロスは、ひとつの人間の身体的理想なのかもしれない。

ヨットは、散歩よりもはるかに危険な行為であり、個体の生命をつねに自覚させられる。セイリングでは、カヌーと同じく、自然に完全に包まれ、風と波、海の一部と化す。しかしカヌーが身体との一体感が強いのに比較すると、ボートは依然として乗り物であり、クルーもいる。風と波に従いながら、それらを最善に利用するには、知恵とチームワークが必要である。セイリングでは、多忙な労働と瞑想が交互にやってくる。それは風と波のリズムの反映である。

こうして、カヌーやヨット、乗馬では、自然のもつ意味が、それぞれに散歩やトレッキングとは大きく異なっている。もうひとつ付け加えるなら、歩くことと、カヌー、ヨット、乗馬は、音楽的に異なる。人間が歩くリズムと馬の歩くリズムは異なる。動物の歩行がリズミカルだとするならば、カヌーやヨットのような水上を走る乗り物は、連続的でメロディアスである。カヌーの底を叩く湖の水の音は、歩くときの地面や枯れ葉を踏む音とはまったく異なる。ヨットのマストやサイドステイを震わせる風の音は、宇宙が進行する音であり、独特である。カヌー、ヨットと乗馬の経験を哲学的に語るには、最低でもそれぞれ一冊の著作が必要だろう。これらの経験について論じた哲学書はきわめて少なく、この現状は残念すぎる。

歩くことは独特の経験である。しかし足もある意味で乗り物である。乗り物はさまざまな用途に使える。ここで私が論じているのは、散歩としての、トレッキングとしての歩きである。それは歩くこと自体に注意を向け、歩くことで展開する風景に侵入される経験である。リズミカルに、しかし道の細かい変化を足の裏で拾い上げながら、ほんの少しスピードを変えて、周りの空気を静かに吸って吐き、自分が押しのける風のなかで自分の体を感じるのである。歩くことそのものが、生きることであったのではないか。

私たちは、さまざまなアイデアをまとめて企画を作ったり、何かの創造的な作品を作ったりしている最中に行き詰まると散歩をすることがある。座り続けで凝り固まった身体をほぐしながら、気分の良い景色のなかをしばらく歩き続けると、あるいはジョギングをし続けると、不思議とよいアイデアが浮かんでくる。こうした経験をした読者は少なくないだろう。いままで狭い枠に囚われていた考え方が、適度なスピードで、無言で歩いているうちに、突然と箍《たが》が外れ、自由な発想が浮かんでくる。仕事部屋ではどうしても思いつかなかったうまい表現が、軽くジョギングをしているときにふと口をついて出てくる。もとより、息が切れ、筋肉が悲鳴をあげるようなハードなトレーニングのなかでは、考えることも、何かを思いつくこともない。しかし、適度な運動が、とりわけ景色がゆっくりと移り変わっていく散歩やジョギングは、よいアイデアを思いつかせてくれるのである。もちろん、ただ歩くだけではよいアイデアは生まれようがないだろう。いろいろなことを普段考えている中で、軽い運動が自由な発想のきっかけとなってくれるのである。この常識的にはよく知られた事実は、なかなか科学的に研究されない。

しかし、散歩やトレッキングは、ただ足を前後することではない。自宅の小さな庭をぐるぐる回るのでは楽しめない。外に出て、いつもの道と寄り道を取り混ぜながら、あるいは旅行先の見知らぬ場所を歩くことは、大げさに言えば、自分を異なった存在にすることである。散歩もトレッキングも、自分の歩みと連動する風景、息と大気の循環、束縛がなく自由に動かせる空間と身体、あらゆるものをしっかり観察できるゆったりしたスピード、少しずつであるが蓄積される疲労と休憩の場所、こうした身体と環境との即応を感じ取るものである。もっとも重要なことは何か特定の目的がないことである。しかし、私たちは歩くことで何かとの出会いを求めている。しかしそれが何かは分かっていない。いつ出会えるかも分からない。そのような特別のものに出会える場所を見つけようとしているのだ。いや、見つけるというのは適切な言葉ではない。そうした人間の能動的な選択によって現れるのではなく、その何かが、その場所で待っていてくれるという表現を使ったほうがいい。

トレッカーにして作家のロバート・ムーアは、トレッキングにおける場所について、ベルトという名のチェロキー族にインタヴューして、次のようなことを書いている。ヨーロッパ系のアメリカ人にとって、「場所」とは、おおむね居住したり経済活動を行ったりする場所を意味する。それは人間が活動するための背景に過ぎず、歴史がなく、置き換え可能で、所有者もその土地の名前さえも変わってしまう。しかし、アメリカの先住民にとってはそうではない。

それと比較して、チェロキー族にとっての場所は変化せず、特別で、永遠のものだ。「アメリカ先住民の世界では、場所のアイデンティティは変わらない」とベルトは言った。「私たちにとって場所とは、何かが起こった場所や、何かがある場所だ。自分たちがいる場所という意識はあまりない(52)」。

哲学ウォークは、特別の場所を訪問しようとする活動である。そしてその場所で息をする行為である。それは特別な何かがあり、何かが起こった場所を見つけながら、訪問しようとする実践であり、チェロキー族の祖先たちが行ったことの再現だと言えるのかもしれない。哲学ウォークとは、場所との邂逅を経験するための散歩なのである。それは、「トポス」、すなわち、場所でありテーマであるようなものとの出会いである。

5．われ歩き、考え、対話す

哲学と散歩の結びつきはかなり本質的である。多くの哲学者たちが散歩を好み、散歩しながら思索し、友人と議論をした。古代の哲学者、エンペドクレス、プラトン、アリストテレス、ディオゲネスはそれぞれの歩き方で思索したという。アリストテレスは歩きながら議論し、その弟子たちは逍遥学派と呼ばれたことは知られている。東洋思想でも、散歩と思索はひとつのものであった。近代になっても、ルソー、カント、モンテーニュ、ホッブズ、ニーチェ、キルケゴール、エマーソン、ソローと散歩者を数えればキリがない。ディープ・エコロジーを提唱したアルネ・ネスは、登山家でトレッカーであった。彼らは実際に散歩をしながら思索したし、自分の思考の軌跡を歩くことに喩えた。

なぜ、哲学と散歩はここまで強い結び付きがあるのだろうか。人類学的な説明をすれば、二足歩行により、手が自由になり、口に鋭い歯と重い顎が必要なくなった。話して考える準備は、足がもたらしてくれたのだ。しかしより本質的に言えば、歩くことと考えることが同じ行為だからではないだろうか。

散歩は目的地をもっているわけではない。かりに目的地がある散歩であっても、そこに到達する過程の方に意味がある。散歩は、何であるか分からないものとの出会いを求めて歩く。自分が求めているものが何かわからず、何に出会うかも分からないが、出会ったときにはそれを必然と感じるような何かを探して歩いている。そのさがしものは、記号化され、誰からも分かるような道端に置かれているのではない。微かな徴だけを頼りに、草深いトレイルを歩いて見出すのだ。さがしものを手に入れることに目的があるのではない。さがしものが自分を変化させることが大切である。それは自分にし

(52) ロバート・ムーア(二〇一八)『トレイルズ 「道」と歩くことの哲学』岩崎晋也訳、A & F Books、一九四頁。

か見つけられない場所を訪れることである。
散歩において見つけた、しばし留まるべき場所、これまでの自分とは異なった視野を与えてくれる丘の頂上、描かれたように鮮明な海と海岸の幾何学、緑の生き物の内臓のような森、不健康なほどコバルト色の空が宇宙に届いている高原、風の足跡を残してうねる砂丘、永遠にクロールしたくなるようなサンゴ礁の海辺。これらの場所に到達して私は変身する。そこに永らく座っていたくなるだろう。しかし自分が散歩の途中であったことを思い出し、私たちは再び歩き出す。どこでもない目的地を探して。

こうした散歩の歩き方は、先の章で説明したとおり、考えることに非常に似ていることにお気づきだろう。思考には、問題解決のためのありとあらゆる行動が含まれている。それは、問いに始まり、どこにたどり着くかおぼつかない旅である。知的な探求は、踏み均された道路を進むことではありえない。思考に関するライルの言葉を再び取り上げよう。「どんなふうにして彼［ピタゴラス］は通路を開拓できるのか。もちろん、通路をたどることによってではない。なぜなら、たどるべき通路は存在しないから。…そうではなく、通路は確かに存在しないが、幸運、勤勉、思慮によりやがて通路が存在することになるかもしれない地面を歩き回ることによってである(53)」。

フランスの哲学者のロジェ＝ポル・ドロワは、さらに歩くことと、話すこと、思考することに共通性を見出す。

私たちは話すとき、一つの言葉から別の言葉へ移ることで先に進み、意味を進展させながら伝達する。一つひとつの言葉は沈黙にむかって投げ込まれ、言おうとしている事柄はそのつど崩れ、見えなくなり、消え去ろうとする。繰り出された文章は、そこでやめれば失敗するが、すぐに次の言葉が追いかけてきて、意味を支える。それは転倒を逃れさせる次の一歩のようだ。…この意味において、私たちの「話」は、歩く。話すことは、歩くこと同様、絶え間なく転倒しそうになってはそれを避けて回復するプロセスの連続である。(54)

歩くこと、話すこと、考えることには、共通の構造がある。それは、ドロワによれば、「崩壊しはじめ」、「持ち直し」、「また始める」という構造である。たしかに、ある方向に移動するという推進と、それを実現するための足と地面との調整の連続で歩行はできている。マイクロスリップとも言うべき細かな失敗と修正を繰り返して、私たちは歩むのだし、考えることも話すことも同じような過程で進んでいく。この点にはまったく同意できる。ドロワは、さまざまな哲学者の歩行＝思考の仕方を分析し、それぞれの哲学者の思想の違いは、その歩き方の違いに対応しているという興味深い説を展開している。

では、対話はどうだろうか。対話は、ひとりで話すこととは異なる。本来は、いかなる一人語りも他者を前提としている。自分がひとりで話すことも、じつは文脈があり、それに先んじた他者の発言

(53) ギルバート・ライル(一九九七)『思考について』坂本百大ほか訳、みすず書房、一四六―一四七頁。
(54) ロジェ＝ポル・ドロワ(二〇一八)『歩行する哲学』土居佳代子訳、ポプラ社、二四頁。

があり、それに対する応答であるのだ。対話は、討論(ディベート)とも、会議とも異なる。ディベートは、スポーツのように、格闘技のように、勝敗がつく会話である。会議は明確にゴールのある会話である。それは生産性という到着地点のあるゲームである。しかし対話は、続けることに意味があり、続けることで自分を変え続けるプレイ(遊戯)である。対話は続けることで、自分が変わっていく過程である。あるいは、対話を続けることで、さらに対話と思考を続けることのできる新しい場所を作り続ける遊戯である。その意味で、対話も、ドロワが言うような「崩壊しはじめ、持ち直し、また始める」という構造をもっている。それは、山の中腹に緑が芽生え、成長して茂り、葉が落ち、また新しい緑が生えるような、あるいは、波打ち際に、波が飽きることなく異なった形を描き出すような遊戯である。

第6章 合理性と非合理性、そして架け橋としての感情

正しい道化は人間の存在自体が孕んでいる不合理や矛盾の肯定からはじまる。…道化の作者は誰に贔屓も同情もしない。また誰を憎むということもない。ただ肯定する以外には何等の感傷もない木像なのである。

坂口安吾(55)

私たちは、公的な対話の場面で、しばしば合理的な話者であることを求められ、合理的な議論をすることを求められる。しかし「合理的」というのは、何を意味するものなのだろうか。この章では、合理的であるとは何であるかを、それと対立すると考えられている感情と非合理性と比較しながら考察してみよう。

(55) 坂口安吾(一九九〇)「茶番に寄せて」『坂口安吾全集 3』ちくま文庫、六〇―六一頁。

1．道具的合理性——価値と目的を問わない合理性

理性とはかなりあいまいな定義をもった言葉である。理性という概念が、思考や認識や知性に関係していることは明らかである。しかし、思考や認識が、外界の何かの対象や事態に向かい合い、問題に取り組む能力を指すのに対して、理性という能力はもっと内的で、推論や論証に関わる意味合いがあるように思われる。

また、知能と理性は似た言葉であるが、その使用を比べれば、二つの言葉がかなり異なった意味をもっていることが分かる。たとえば、「動物の知能」という言い方は可能であるし、「カラスはネコよりも知能が高い」という表現は十分に理解可能である。しかし「動物の理性」という表現はそぐわない。理性は人間にしか当てはめられない。同様の理由で、ロボットの知能とは言えても、ロボットの理性とは奇妙な表現である。「人工理性」という言葉は意味をなさない。

これまで哲学では、合理性について二つの捉え方がなされてきた。道具的（あるいは手段的）合理性と対話的合理性である。

前者の考え方によれば、理性とは完全に道具的・手段的であり、それがどこに向かうのか目的や目標については何も指示しない。それは、どのようにすればその目的に到達できるかを教えるだけである。理性とは、それが善いものであれ悪しきものであれ、すでに与えられた目的へと至る道筋を知らせるだけだというのである。理性はいかにして価値を得られるかの方法や手段を教えることができて

も、価値そのものは与えられない。理性についての道具的な考え方は、ヒュームに遡ることができるし、ラッセルや近年の意思決定論などにも見出せる。

こうした理性の捉え方は、ある種の科学観とも結びついている。科学は、人間や社会の目的や価値そのものにはタッチせず、それに達するための手段となる知識を提供するだけだという考え方がある。これは、科学的活動を道具的な理性の使用として捉える立場である。

ある手段や道具の選択が合理的である、理に適っている、というのは、目的と手段が矛盾していないからである。東京駅から急いで青山にある大学に行くという場合に、電車もタクシーも利用できるのに、徒歩という手段を選ぶのは非合理である。電車を使うと最寄りの駅から歩く時間がかなりかかり、道を迷う可能性もある。タクシーではその点が有利だが、渋滞に巻き込まれる可能性もある。その二つの選択で悩む。これは合理的である。東京駅からの徒歩の選択が非合理なのは、「急いでいる」のに、「急いでいく」方法を取らない点にある。つまり矛盾しているのである。これがもっとも安い方法を使いたいという目的があるなら、徒歩は合理的な選択である。交通費を安くしたいのに、タクシーを選択するのは非合理である。問題となっているのは矛盾しているかどうかという論理性なのである。そして矛盾をあえて望むことを、おそらくは「狂気」という。ここでいう「狂気」とは精神病理学でいう疾患とは異なる概念である。矛盾した両立不可能であることを望むという状態のことである。

しかし、いかなる目的であっても、それを成立させる優れた方法や手段を見出すならば、それを合理的とか理性的とかいうであろうか。そうではないと思われる。非合理な目的や価値に、効率的な方法や手段を提供する理性も、やはり非合理なのではないだろうか。たとえば、非合理な欲求とは、自分の中に矛盾を孕んだ欲求である。

自死や、自分を傷つけたりすることを望む欲求は非合理である。というのは、私たちは根本的に生きることを望み、満足や快を追求する存在だからである。私たちは自然に呼吸し、自然に栄養を吸収し、傷や病から自分で回復していく存在である。にもかかわらず、これらと矛盾することを望むことは非合理である。それらが身体的な欲求であり、心理的な欲求はそれとは区別されるというならば、その心理的な欲求が非合理である。暴飲暴食は健康に悪い。不健康になることを承知しながら、乱れた食生活を送り続けるのは非合理である。暴飲暴食はその基盤である生命の健康を脅かす。そこには優先順位の混乱、前提と帰結の取り違えという矛盾が生じている。食事を摂るのは生命を維持するためである。生命があるからこそ食事ができる。目的である生命が維持されないならば、食事は目的に奉仕する手段という意味を失う。食事のために生きていると言っても、死んでしまっては食べられない。暴飲暴食は、前提である生命を、逆に食事によって脅かしている。

そのように非合理な目的を立てた場合には、それを追求する手段や方法も非合理といえよう。自分を確実に苦しめる方法や、うまく傷つける手段を考案するという行為は、まさしく非合理である。それは軽率だったり浅慮や不注意であったりするよりも、もっと深く非合理である。もっとも体に悪い食生活を計画的に続けるのは、全体として明らかな非合理である。手段や方法だけが合理的であっても、目的や価値が非合理ならば、最終的にその行動全体が非合理なのである。

とするならば、ヒュームたちの主張は誤りであり、私たちは目的や目標、価値の合理性についても語ることができるはずである。ある人が追求しようとしている目的や価値が、その人の他のより重要な目的や価値と矛盾していないかを問うことはできるだろうし、最終的に、生きるという目的と価値に矛盾しないかを問うことができる。

ただし、この場合にも疑問は生じてくる。すなわち、いま私たちは生きるということに根源的な価値と目的をおいたのであるが、この生命の価値そのものは、合理性から与えられるものではないのではないか。合理性は、生命を目的とするさまざまな活動が矛盾しないように調整する能力ではあっても、生命そのものに価値を与える能力ではない。やはり価値や目的は、合理性とは別のところから来るのではないか。

だが、こう考えることもできるだろう。生命とはこうした調整活動に他ならないのだと。生命とは、身体のさまざまな部分の活動を組み合わせ、バランスを取り、全体として統合していく活動である。生命こそが合理的なのだと言えないだろうか。私たちはそれぞれの生物において、環境に適応する器官の協働作業の中に自然の合理性を見出す。生命が理に適っているということは、すなわち、身体の活動に統一性があるということである。生命は、あるべき状態、すなわち、健康状態という内在的な規範をもっている。身体の各器官はそこに調整する働きをもっており、それをとおして環境との均衡状態を実現している。この意味で、自己と環境との調整活動がつねに生命内部で行われており、これは自然の理性だと言えるのではないだろうか。理性とは調和させる能力なのであり、それが求める無矛盾性とは調和の一種なのである。

しかし問題は、人間は、ただ生きること以上のものに目的や価値を見出し、ときに自分の生命よりもそれを重んじてしまうことである。人間は自分の生命を維持する活動を超え出た活動を行い、そこに自分の人生の本質を見出してしまう。かりにそれが自分の生命の維持に相反しても、である。私たちは生きるために食べるのではなく、究極の美食のために生きているのではあるまいか。私たちの人生の目的は、この上なくうまい葉巻の一服を味わうことにあったのではなかったか。自分の命はその一服を実現するためのものではなかったか。こうして人間においては、生命が生み出したものが、生命を超える価値を持つことがある（他の生物でもこうした事があるかどうかは、本書とは別の機会に論じることにしよう）。人間の自分の生命の存続と矛盾するという意味での非合理な行動が、ときに別の観点からは合理性をもつことがあるのは、このためである。

芸術にこの上ない価値をおく芸術家が、自分の生命を縮めてでも作品の制作に没頭することは、目的を素晴らしい芸術の創出におくならば、非合理とはいえない。しかしそれでも、その芸術家の態度が一種の狂気であり、非合理だと評価しうるのは、芸術を含めたあらゆる価値が根本的には、生きることに、生命に基礎をおいているからである。同様に、恋人のために犠牲になろうとする人の行動は、どこかで狂気や非合理を含んでいる。それらが小説や演劇のテーマとなる理由も、その矛盾ゆえである。自分が存在していなければ、他者を愛せないであろう。他者のために自己を犠牲にしてまで愛することには、他者の存在を前提として自分を手段とみなす逆転が生じている。

ここでも、前提と帰結の倒置、いや、倒置というよりもゆらぎが問題となっているのである。人間は前提と帰結を倒置させる傾向、自己の生命を超えようとする傾向をもっている。理性的であることが、自分のさまざまな行動が無矛盾であること、前提と帰結の序列が完全に定まった行動や判断をすることを意味するとすれば、それは達成不可能である。理性とはその不可能なことを実現しようとする。そうであれば、どこまでも合理的であろうとすることはかえって非合理なことであり、理性とは狂気であるということになる。私たちがこれまで何度も取り上げてきた「なぜ」という問いは、この前提と帰結の関係を問い直す作業である。それは、理性と狂気の関係を問い直す作業である。

2. 対話的合理性――「探求の共同体」へ

ある個人が、自分の生命にもっとも重大な価値をおくことは合理的に思われると同時に、自己中心的な印象を与える。それればかりか、まったく他者や社会のことを考慮せずに自己利益を追求した場合には、自己中心的のみならず、理性的ではない振る舞いに思われてくる。私たちはそれほど社会的な存在であり、「理性」という概念には、どこかで他者や社会の存在が前提とされている。他方、知能にはこの社会的な意味が含まれていない。

理性には「常識」に近い意味合いがある。すなわち、さまざまな人のことを配慮し、社会の中でバランスの取れた考えや判断を行うことである。それは、社会の中で調和の取れた行動や判断を下す能力のことである。SF映画では「マッド・サイエンティスト」というお馴染みのキャラクターがいる。これは知的には傑出していながら、人類を破滅させかねない研究を行う科学者のことであるが、このタイプのキャラクターに欠落しているのは社会性であり常識である。常識は英語でコモンセンスというが、もともとはアリストテレスの「共通感覚」から来ている。人々と共通の感覚で世界を捉えていることが常識なのである。

そうなると、思考と同様に、理性も複合的で複雑な諸能力を統合した活動と考えなければならない。それは、個人の内部に自足して備わっている能力というよりも、さまざまな他者と自己との間での調整を実現する能力ということになる。

ピアジェの発達心理学によれば、子どもの発達は、一般的に、物事をひとつの側面からのみ眺めていた「中心化」の状態から、多くの側面に注意を向けて、それらの情報を全体的に統合することができる「脱中心化」へと至る過程だとされている。

それは、現在の自分自身の観点や考えが、可能な多くの観点や考えのひとつにすぎないことを認識し、それらの多数の観点や考えを調停させ、統合的に物事を捉える態度のことである。脱中心化は、個人の内部でのさまざまな認知側面を綜合する作業から、個人内部を脱して、さまざまな他者の観点を綜合していく対人的・社会的な過程に至ることで達成されていく。こうして、子どもは現在の自分の視点が、多くの可能な視点のひとつにすぎないことを理解していくのである。ピアジェは、この過程を経て論理的な思考操作が可能となると言う。論理の根本には、対人関係における視点の変換が携わっていたのである。(56) 知性の発達は最終的に、その人の社会化の過程に基づいている。

たとえば、自分に妹が生まれて、親の注意が赤ん坊に注がれることで駄々をこねていた兄は、妹がまだ何もひとりではできないことや、妹にとって自分が頼れる存在であることに気づいたときに駄々をこねるのをやめる。妹の視点を取得することによって、兄は自分の置かれた位置を相対化できた。社会化は、自分自身の観点や（暗黙のものを含めた）信念、価値観を相対化する契機である。

そうであるならば、合理性とは社会化された心性に他ならないことになる。そこで、道具的合理性の問題点を超えるべきとして提案されたのが、対話的合理性である。これは、合理性とは、社会のメンバーのあいだの対話によって獲得されていくものだという考え方である。パースやデューイなどのプラグマティスト、ハーバーマスのような社会哲学者がそのように提案している。

価値の合理性とは、個体内であれば、個体が関心を持つさまざまな価値を調整して生命を持続させることであろう。社会における価値の合理性とは、さまざまな人々のさまざまな価値を調整して、集団において包括的な価値を見出していく能力である。価値が理に適っているということは、さまざまな人のできるかぎりさまざまな観点からの検討を経ても、やはりその価値が妥当だということである。そして、この社会的価値の合理性は、その集団の包括的な対話によって保証される。合理性とは対話において見出されるべきものである。子どもの哲学を創始したリップマンの「探求の共同体」という考えも、この対話主義的な発想に基づいている。対話こそが合理性の範例である。

しかし、ここで言う合理性を保証する対話とは、ある主張に諾否をつけるディベート(討論)型、どちらの主張が優位かを判断する法廷型の議論ではなく、集団が合意できるルールや目的を定めるコンセンサス(合意)形成型の対話でなければならない。では、価値についてのコンセンサスはどのように得られるのだろうか。

(56) Piaget, J.(1995). *Sociological Studies*. Edited by Leslie Smith, translated by Terrance Brown et al. London/New York: Routledge.

通常、私たちの価値観は、単純にどれが良いものでどれが悪いものであるかという個々の判断であるよりも、どの価値に優先順位をおくかという基準に則っている。ほとんどの人は、閑静な住環境に肯定的な価値をおくが、問われているのは、その静かさと利便性、購入価格を比較してどれを一番優先させるかである。閑静で、便利で、しかも安い住宅など存在しないであろう。価値について集団で議論をするときでも同様である。

共通に関与しているテーマや対象について価値あるもののリストをそれぞれが作って持ち寄れば、その集団が価値を認めるものの包括的なリストができあがるだろう。たとえば、「ある地域の町づくりをするのに、大切にしたいもの」といった問いかけをすれば、そこの住民たちはそれぞれに価値を認めるものを列挙し、その多くは重複することであろう。問題は、その価値あるものについての優先順位に、参加者の合意が得られるかである。

もしX氏が、その地域の価値の優先順位として、病院づくり＞保育園の建設＞道路建設と信じており、Y氏が保育園の建設＞病院づくり＞道路建設を信じているとしよう。二人は、病院づくり、保育園の建設、道路建設のすべてが貴重なものであることを認める。そして二人は、道路建設は三つの価値の中では優先順位が一番低いことにも合意する。ポイントは病院づくりと保育園の建設の間の優先順位である。こうした場合、形式的には合意を見いだせる可能性がある。

たとえば、判断に条件や文脈を加えることである。Y氏は、町づくりで重視すべきは保育園を十分に建設すべきことであり、それは病院づくりよりも重要だと主張している。X氏は逆である。町に両方作れる予算があれば問題ないが、どちらか一方しか作れない。両方を兼ねた施設は二つ立てるほどに費用がかかるとしよう。その場合には、どちらの意見をとるべきかの条件を考えることになる。保育所が民営で経営でき、補助金を出せるなら、病院を優先しても構わない、という条件が考えられるかもしれない。

もうひとつの方法は、判断をより抽象的なレベルに引き上げることである。ここでの抽象的とは、包括的という意味である。保育園と病院はいずれも福祉・社会保障関連の施設であるから、なによりも福祉・社会保障という、より包括的な価値を重視しようという点で、X氏とY氏は合意するだろう。もちろん、この合意だけでは、具体的な実行案はできないのであるが、少なくとも価値のすり合わせには成功したと言えるだろう。哲学対話における「なぜ」という繰り返される問いかけは、判断をより抽象的で包括的なレベルまで導くのである。価値に関する言明は、「なぜそれが大切なのか」と問われることで、より多くの人の同意を得られる、より包括的な価値へと引き上げられなければならないからである。

かなり簡略であるが、これらの合意のとり方は、論理的な矛盾を解消する仕方と同じである。合意形成は、意見同士の矛盾を解消しようとすることである。意見としての矛盾とは、人間関係に置き直せば対立があるということであり、対立がそのまま深まってしまえば、紛争へと発展する。対話的合理性は、対立に問題解決をもたらそうとするものであるが、これには重要な特徴がある。

ひとつは、参加者に対して外から解決策が提案されるのではなく、その集団の内部から、参加者自身が自らに変化をもたらして問題解決がなされることである。対話的合理性は、第三者による調停ではない。もうひとつは、対話を通じて自分の価値が異なった仕方で捉えられるようになり、価値の優先順位が別の形で定式化されることである。それは、その集団の中の人間関係のあり方が変わるということであり、その集団の中での自分の位置づけも変わってくるということである。

対話的合理性とは、対話の創造的なプロセスによって、対話の参加者の意見のあいだを矛盾のない状態にすることである。最初の意見の対立したままの状態では対立・矛盾は解消されない。政治的ディベートや法廷論争は、敵味方という対立の図式の中でどちらもが自分たちの意見を変えずに、相手方を論破しようとする。それは対決と戦争の論理である。政治において最終的に用いられる多数決という決定方法は、結局は少数者の意見を吸い上げることに失敗し、対立図式を残し、あるいは、少数者を沈黙させ、社会を真に包括的なものにできないままになる。

対話的合理性は、対話をより深いレベル、哲学的と言ってよいレベルまで掘り下げることで、議論を新しい段階へと進ませる。哲学的とは、自己反省的、自己修復的、自己変革的ということである。そうして、参加者全員のあいだに新しく、創造的な問題の捉え直しが生まれて、価値や目的に関しても合意が形成される可能性が開かれる。対話的合理性は、集団において包括的な価値を見出していく活動であると同時に、その集団に新しい人間関係、新しい社会構造を作り出していく過程でもある。この二つの過程は同じものの両面にすぎないのだ。対話的合理性のモデルとは、最大限に多様な視点と意見が包括される開かれた社会のことなのである。

3．非合理な態度はどうして生まれるのか

しかしながら、対話的合理性を万能視したり、その効果を楽観視したりすることはまったくできない。とりわけ合意が簡単に形成できるものではないことは、私たちの日常生活で実感する。

対立するそれぞれの側の意見をうまく位置づけたり、包括したりする創造的なアイデアが出ない場合はしばしばであろう。しかし先にも述べたように対話は、たとえ結論が出なくても、合意が得られなくとも有益である。対話の参加者は他者の立場を傾聴し、その主張を理解し、他者の観点から自分の価値を見つめ直す。双方の立場と主張を公平に検討することができたなら、それは双方が変革するための大きな前進である。対話的合理性には、演繹的な推論とは異なり、自分が以前に受け入れていた前提や信念を放棄して、前提を作り直し、新しい考えを受け入れる態度が含まれている。ここに新しいアイデアと新しい人間関係が生まれてくる素地がある。

だが、対話的合理性にとって真の問題と困難は別のところにある。二つの大きな問題が対話的合理性の足元を脅かす。ひとつは非合理な人々の存在である。もうひとつは、公平で自由な立場で対話をするという状況を、対話そのものによって作り出せるか、という問いである。二番目の問いは次の章で扱うことにして、以下では、非合理な人々の問題について論じよう。

非合理とは、知的能力の欠落や低さをまったく意味しない。たとえば、乳幼児の行動が非合理になり得るかどうか考えてみていただきたい。あるいは、昆虫が飛んで火にいる夏の虫のような本能的な行動によって自分を損傷させたとして、その行動を非合理と呼ぶかどうかを考えていただきたい。むしろ、非合理であるには、相当な知的能力が要求される。

非合理とは、したがって、非知性ではなく、反知性を言う。ある行動が非合理であるのは、その行動によって自分の基本的な利益が脅かされるか、脅かされることが十分に予測されるにもかかわらず、その行動をすることである。合理性にあえて反する行動をとることを非合理と呼ぶのである。たとえば、身近な例では、体に悪いと分かっていても、あえてタバコを吸い続ける人がそうである。非合理とは、日常的な言い回しでは、「強情」とか「意固地」「頑固」と表現することがあるが、これらの言葉はまさしく自分の利益に反してもある考えや立場に頑なにこだわる態度を指している。

では、対話的合理性における非合理な態度とは何だろうか。それは、他者の意見が理解可能であるだけではなく、十分な妥当性と説得力をもっているにもかかわらず、一向にそれを認めずに、ただ拒否や無視をし続ける態度のことである。それはいわば、聞く耳を持っていない態度、最初から相手のいかなる主張も受け入れる気のない態度である。非合理性とは、意識的であれ無意識的であれ、合理性の拒否である。

政治的ディベートや法廷論争では、容易に相手の立場を肯定しないし、自分の立場を放棄することはないだろう。しかしそれらが非合理ではないのは、相手の疑問や反論に応答しているし、相手の主張を妥当と認めて譲歩する場合も多々あるからである。犯罪の証拠が動かしがたいときには、弁護側は別の論点で被告の利益を守ろうとする。自分たちの論証が弱いと考えれば、別の証拠を取得しようとする。政治や司法は、相手と対立していても、その対立によって真実に迫ろうとする論争的な合理性を有している。

しかし非合理な人々は、自分の考えや意見をまったく検討せずに、自分の意見を保持し続ける。これはどう解釈したらいいだろうか。

先に私たちは、人間の知的発達が脱中心化を特徴としていることを見た。脱中心化は、個人内でのさまざまな観点の綜合から、他者の観点の綜合まで進んでいく。個人から他者への乗り越えを可能としているのは、他者の役割取得である。役割取得は、おそらく無意識的で、根源的な他者への共感あるいは他者の模倣に起源をもっている。根源的な共感や模倣とは、乳幼児に微笑むと微笑み返すなど、他者の行動を見て、まるで自身が同じ行動をとっているかのように「鏡」のような反応をする(いわゆるミラーシステムと言われる)脳活動が関与しているような行動のことである。人間の知性は、この共感性を土台にして発達していく。

この考えに立てば、非合理性とは成長の拒否である。それは反知性的な態度である。別の言い方をすれば、非合理性とは、現在自分が所属している集団よりも大きな集団への馴化を拒む態度である。それは、特定の経験や特定の小集団への帰属に強く執着し、自分をそれよりも大きな集団や広い世界、長期的な文脈に開くことを拒否する態度である。哲学カフェのような自発的に集まってくる議論の場で、このような態度を示す人はまずいない。しかし、顔が見えない、直接に身体的に人と相対しない場面で、しばしば非合理な態度を取る人が現れてくる。大きな社会における論争や討議の場では、非合理な態度を取りやすくなっているとすら言えよう。インターネットなどではなおさらかもしれない。

非合理な人は、過去の自分のあり方、そこで交流し愛着をもつ人々の視点を相対化することを拒んでいる。その人は、自分が経験した、好ましいと思う視点のあり方をどこまでも維持しようとする。しかし、他の人からはなぜその視点にこだわるのかの理由が理解できず、非合理と判断される。たとえば、自分の宗教的立場や思想的立場をやみくもに絶対視しようとする態度も非合理である。それは自己の信仰や信念を揺るがすような出来事や意見を無視しようとするし、異なった意見や考え方を持った人々と接しないようにするか、あるいは、拒絶しようとする。信仰があっても合理性を失わない人は、自分の信仰に対する疑義や反論に対しても応答しようとするし、少なくともそれが自分にとって重要である理由、先程論じたような条件をつけて他者の理解を得ようとするだろう。もし多様な観点や意見、経験を統合することに発達があるとするならば、また教育というものがそうした発達を促す働きかけであるならば、非合理性とは発達成長の拒否だけではなく、教育の拒絶を伴っていると言ってもよいのかもしれない。

非合理性とは、自分がこれ以上他者の視点から相対化されることの拒否である。それは、いままでの自分の基準を維持し、自分が愛着し執着するものがどこまでも変わらぬ価値のまま存続してほしいという願望の表現である。現代社会は、流動性が激しく、さまざまな形で世界の人々との交流や通信が行われている。異なった新しい他者の視線が侵入し、これまでとは異なった基準のもとで自分のあり方を見直さねばならなくなる。以前と同じ自分のままではいられなくなり、何かを教育され、成長しなければならない圧力のもとに置かれる。自分たちが属していたローカルな集団の価値も、開かれた基準のもとで問い直される。

そうなったときには、自分や自分が属していた集団への信頼が失われ、達成できない価値基準が個人に押し付けられる。すると、かならず一定の人々はそうした世界の流れを拒否したくなるはずである。自分たちが愛し好んできた価値がより大きな社会によって拒絶され無視されると感じ、社会が拡大し、開放していくと感じさせるあらゆる事柄に拒否感を覚える。それは新しい人間関係を拒否すること、即ち、自分を新しい視点で見てくる人たちを拒否することである。こうした拒否感と排除の感覚は、人間に対してだけではなく事実に対しても及び、自分の信念や意見、あるいは偏見を変更するような事実に関しては目を塞ぐようになる。反対意見に対しては屁理屈を用いて反駁して、まるで耳を貸そうとはしない。非合理な人々は、事実には興味はない。世界の現実と自分たちの現実を見据える気持ちはない。

繰り返しになるが、しばしば直接的・身体的に相手が現前しない討論の場でこそ、非合理な態度が生まれやすい。というのも、顔と顔を合わせた対話における非合理な態度は、あまりにも幼稚に見えてしまうからである。強情で頑固な態度は、人々の面前で行われたときには、一種の軽蔑をもって受け取られる。自分の顔と身体が隠される場においてこそ、非合理な態度と発言が横行する。インターネット社会は非合理を生みだす温床を備えている。

4. 非合理性をいかにして克服するか

相手を面前にした対話の場面では、非合理な態度は取りにくい。血肉で出来た、こちらに語りかけてくる他者に対して、その発言をまるで聞かず、無視し続けることは難しい。私たちは他者に応答するように作られている。非合理な人が取る態度は、対話に背を向けることである。話し合うことを拒否すること、議論に参加しないことである。したがって、「非合理な人々に対してどうすればよいか」ということは、「どの人にも対話に参加してもらうにはどうしたらよいか」という問題である。

では、対話の席につかない人には、どのようにすれば座ってもらえるのだろうか。

対話を拒否する人は、自分を変えることを拒否している。会議の場で一方的に話し続ける人も、やはり対話を拒否している。それは聴くことの拒否だと言ってよい。話しても自分は変わらない。相手の話を聞き、相手の自分への応答を聞いたときに、私たちは変わらざるを得ない。

誰も完全に合理的になることはできない。私たちは誰でも幾ばくかは非合理である。他人の非合理な行為を笑う権利など、誰ももってはいない。私たちの人生には限りがある。あらゆることを経験することなどできないし、あらゆる知識を吸収することはできない。出会える人には限りがあるし、そもそも私たちの社会はあらゆる人の声を届けてはいない。だから、人間の取りうるあらゆる観点を自分のうちに取得するなど不可能である。何かに執着し、何かに偏った考え方を持ち、特定の物事に特別の愛着を感じるのは、人間的な必然である。愛することは何かを、誰かを、偏って好むことである。それは何かに執着することであり、そこに「中心化」することである。その意味で愛は非合理だとも言える。タバコを吸い続けるのは健康に良くない。しかし他者の健康を害さない限り、その非合理な態度はそれほど強く責められない。同じ程度に愚かなことを、誰しもが行っているからである。私たちは愚行をする権利を持っているとさえ言えるのだ。

だから、私たちは、他者の声に耳を傾けようとする。私たちは他者の話を聞くときには、自分の意見の不十分さ、至らなさ、偏りを自覚している。先に述べたように、自分たちが完全に合理的でありうると信じることは、かえって非合理であり、狂気ですらある。したがって、合理的であるということは、自分が非合理な存在であることを認めることに存する。人間は完全な合理性を手に入れることは原理的にできない。であるなら、なおさら、自分は非合理のままにとどまり、自分の経験や意見が偏ったものであり、他者から相対化され、ときに修正を加えられるべきことを認めるべきである。合理的な人間は、自らの人生がごく短く、有限であるどころかほとんど無に等しい、実に小さな存在であることを認め、他者も同じ資格で存在していることを認める。

非合理性とは、最終的に、この事実を拒否することから生じている。それは、自分がどこまでも変わらないままで存続していたいという願望の裏返しでもある。それは、死を身近に感じたときに生じやすい願望であろう。

心理学者のソロモンたちによれば、人々が保守化し、感情的な政治的選択を行ってしまう最大の心理的要因は自尊心の喪失であるという(57)。自尊心を持つとは、単に自分に自信があるといったことではない。それは、自分が属している文化と社会の評価枠組みに信頼を置くことができ、そのなかで自分は有意義な役割を果たせていると信じている状態のことである。ソロモンは、自尊心は死の恐怖を和らげてくれるものであり、死の恐怖を回避した者は他者に寛容になれるという。

自尊心は、単純に誰かから褒められたり評価されたりすることで生まれるのではない。そうではなく、自分が有している評価の枠組み自体が信頼できるかどうかが問題なのである。自尊心が失われるのも、自分の行為に対する評価ではなく、その評価の枠組みが他者からまったく認められないときな

(57) シェルドン・ソロモン、ジェフ・グリーンバーグ、トム・ピジンスキー(二〇一七)『なぜ保守化し、感情的な選択をしてしまうのか――人間の心の芯に巣くう虫』大田直子訳、インターシフト、合同出版。

のである。ソロモンたちによれば、自尊心が失われる原因は主に三つあるという。(58)ひとつは、個人または集団が自分たちの文化的世界観に対する信頼を失うときである。もうひとつは、自分が、その文化的世界観の成り立ちの重要な要素だと思えないときである。第三に、平均的な市民が達成できない価値基準を文化が推し進めるときにも自尊心は低落するという。非合理な態度をとる人に、見事に当てはまる特徴ではないだろうか。

非合理な行動の理由が、以上のように最終的に自尊心の低減と、それから自分を守るための現実からの退却であり、より広い集団への参加の拒否であるとするならば、そうした人たちを対話の席についてもらうためにすべきことは、その人たちの尊重にあるだろう。

先の章で論じたソクラテスの話を思い出してみよう。ソクラテスは、アテネの街で若者やソフィストに議論を吹っかけ、対話を通して彼らが知識と呼んでいるものをさまざまに吟味し、彼らが真の知識に到達していないことを示した。そしてソクラテス自身は、無知な人間であることを自覚しているという一点でのみ知者と言えるのだと考えていた。どうだろうか。このソフィストとソクラテスの対比は、これまで論じてきた非合理な人間と合理的な人間の違いに相当していないだろうか。合理的な人間は、己が不完全で、限定されたまったく小さな存在でしかないことを認め、己の非合理性を認めている。非合理な人間は、自分の知識の正しさを信じ、己の卓越を信じ、他者にその自分の知識を高みから与えようとしていた。おそらくこの違いは、死を前にしたときの態度の違いからきている。対話的合理性の文脈で言えば、合理的な人間は、まだ自分には対話していない人、話を聞いていない人がたくさんいて、対話は終了していないと考える人間である。その逆に、非合理な人間とは、もう話すべき人、話を聞くべき人はいないと考える者のことである。

問題は、対話者がみな非合理な人間になっているからではないだろうか。ある人たちを非合理と考えるときには、私たちはうぬぼれに陥っている。人の偏った意見や物の見方を非合理と非難するときに、はたして私たちはその人たちの話をきちんと聞こうとしていただろうか。自分が正しく、その考えを相手に聞かせて受け入れさせようとしたときに、私たち自身もソクラテスからは遠く、非合理な人間になってしまっている。非合理な人間を生み出したマジョリティも、また非合理だったのだ。そしてある集団全体が、自分たちの正しさを信じ、それを他の集団に受け入れさせようとしているときには、その集団は狂気の色合いを帯びてしまう。話し合いと対話を拒否する人は、そうした傲慢なマジョリティのお説教を聞きたくないと思っている。一向に自分の話を聞こうとせずに、まったく自分が正しいと信じて聞く耳持たない人々の企画する話し合いなどには参加したくない。少なくとも、対話に参加しない人たちは、そのように考えている。私たちが「非合理的」とみなしている人の話を本当に傾聴しない限り、彼らは対話に参加しないであろう。彼らが対話に参加し、彼らの話を聴くということは、いままでのどちらの立場でも意見でもない、新しい考えと新しい人間関係を創出することである。それによってはじめて私たちの社会は包括的になる。包括的な社会はつねに新しくなければならない。そこに参加する人も新しくなるのである。

(58) ソロモンほか前掲書、六八―七五頁。

5．感情は合理的である——共感とユーモア

非合理性の問題は、結局は、個としての私たちの存在が、集団とどのような関係を架けるかにかかっている。非合理とは、個別性へ執着し、それを普遍の中に位置づけるのを拒否することだからである。もし私たちが完全に個人的な存在であったなら、合理性とは自己の生命の維持に反しない有機体的秩序を意味するだろう。しかし人間は、自分の生命を維持する活動を超え出た活動を行い、そこに自分の人生の目的と価値を見出してしまう。生命維持という生命的な合理性から見れば、非合理と呼んでよいことに価値を見出すことがある。対話的合理性も、その一種なのかもしれない。実際に、私たちは、共感や模倣を通じて、他者の視点を取得し、他者の視点とも矛盾しない合理性を作り出そうとするのである。あまつさえ、それが成長とさえ呼ばれるのである。

しかし、自己が、社会を含めた環境から分離したひとつの生命であることと、社会的な存在であることはしばしば矛盾する。自己の統合性としての理性の延長に、社会的な包括という別の理性をそのまま接続することは、あまりに予定調和的である。社会と個人のあいだには、いかんともし難い亀裂が存在することが忘れられるべきではない。ひとつの個体としての生き物であることと、対人関係の中でひとつの個人であること、そして社会の中でひとりの個人であることの三つははっきり区別されたほうがいい。そうでなければ、自己とは社会的存在であるというしばしば主張されがちな、しかし根本に邪悪を孕んでいる主張に加担することになる。人間の知性や認識の発達においてもこの観点は

保持されるべきである。

では、個人の合理性と集団の合理性の間に穿たれた亀裂はどのように埋まるのだろうか。二つの合理性は、それぞれの観点から見ればそれぞれ非合理に思われてしまう。個人の理性によって集団の理性が軽視されれば、自己中心性が横行し、対話は成り立たなくなる。逆に、集団の理性が個人を飲み込めば、合意の中に個人の存在が意義を失っていき、対話は不必要になる。この個と社会のあいだの大きな矛盾をどのように調停すればよいのだろうか。

二つの合理性をとりもつもの、二つの合理性の矛盾を橋架けるもの、それは感情である。理性の根底にある感情が二つを結びつけ、適切な関係を作り出す。個と集団を適切な関係に位置づけられるのは、感情なのである。以下に感情と理性の関係を見ていこう。

発達心理学によれば、知性の発達は脱中心化にあるという。しかし、私たちはあらゆる観点を等しく並列させて、自分の特定の観点を相対化するわけではない。知性とは、抽象的な規則を獲得して個別に当てはめていく、コンピュータのような能力に尽きるのではない。リップマンの主張で見たように、思考力は感情と別物でなく、むしろ思考力の発達は感情的な人間関係の発達を基盤としている。感情の豊かな生物は、同時に知的に優れた生物である。知的発達が脱中心化にあるとしても、さまざまな他者のパースペクティブを自分のなかに取り込むためには、他者に一旦、共感しなければならない。自分の現在の視点やものの見方を他者の観点とすりあわせて綜合していくには、他者との交流が必要である。そして他者と交流して、その視点を取得するには、感情的な絆をその他者と取り結ぶ必要がある。そうして、私たちは、さまざまな他者に出会いながら、徐々に自分の認識を脱中心化していくのである。コンピュータソフトをインストールするように、突如、抽象的な規則からできた知性が獲得されるわけではない。人間の認識は人間関係を通して徐々に発達する。

そうした発達の過程は、繰り返すように、その人の感情的な人間的交流から区別されるものではない。特別の人間的交流のあった人々の視点や考えが、相対化され得ない核として、その人の知性や認識に据えられている。人生のそれぞれの段階で出会う人間の良し悪しを判断する基準として、たとえば、自分が育った家族の視点が、ある人にとっては重要かもしれない。その視点を相対化するような他の視点や知識が得られたとしても、その自分の家族のものの見方には、それが多少の偏りや歪みをもっていようとも、その人にとって代えがたい重要さをもち、その人の人格の核の一部を構成しているかもしれない。この例がやや抽象的ならば、もっと感性に訴える味覚の例をあげるとよいかもしれない。私たちは、さまざまな美味しいプロの料理を食べるにつれ、自分の故郷の郷土料理が素朴で素人の味付けであることを知るだろう。しかし自分にとって故郷の味は、それでも自分のあらゆる味覚判断の基準になっている。

知的発達とは自分の位置が書き込まれていない地図を作り上げることではないだろう。私たちの知性には、個人の実存の刻印が押されており、そこには自分の個性と愛着とがその運動の道筋を作っている。合理性が、脱中心化し、抽象化した汎用プログラムを獲得することだとすれば、そこには感情と個性というエンジンが欠けていることになるだろう。

ただし、非合理な人は、今の自分の個性と愛着とを変えるつもりがまるでない。その意味で、自己が、頑なに、固く、硬直した状態になってしまっている。そこに失われているのは、感情の流動であり、愛と共感の動きであり、愛着の変容である。非合理性は、自分の感情の開放性や流動性を封じ込めようとする態度だからである。非合理性の問題は感情の問題である。それは、感情的な人間交流の範囲を狭く閉じ、その外の人間、新しい人間には感情を動かされまいとする不自然な態度である。逆に、合理性とは、開放的で、動きに満ちた感情に裏打ちされた能力である。もしかすると、それは、軽はずみなほどに共感力に優れた人間関係を基盤とした、いわば社交性に富んだ態度から生まれる理性なのかもしれない。あまりに合理的であることは、浮気性の人に似た不信感を与えるかもしれない。合理的であることは、感情の流れに摩擦が少ないということであり、逆に粘度の高い感情を持つ人は、排他的と呼ばれるのかもしれない。

従来の哲学や心理学では、感情と理性とは対立するものと考えられてきた。感情に溺れることは、理性的ではないことと思われてきた。しかし、これまで見てきたように、感情は知的発達の基盤である。理性とはさらさらした共感をもつということなのだ。

感情とは何であろうか。現代の哲学ではいくつかの特徴があげられている。喜、怒、哀、楽、愛、憎しみ、嫌悪、恐怖などの感情は、単一の感覚ではない。怒りという感情の中には、さまざまな感覚が含まれており、激情的な状態ばかりではない。静かだが、しかし深い怒りというものもありうる。失恋の悲しみには、万華鏡のように移ろいゆく一連の感じが含まれているはずである。また感情には、その人の信念や考えが含まれている。失礼な態度に怒りを感じるのは、その態度は失礼である、失礼とは人を侮辱する悪しき行為である、といった信念や考えが前提になっている。

感情は、嗜好や身体的欲求とは違い、認識によって制御することができる。イヌへの恐怖も、その動物の行動についての知識によって克服することができるだろう。先に論じたように、感情には良し悪しや利害に関わる価値判断が絡んでいる。喜びはその状況に対する肯定的な評価である。悲しみは否定的な評価を伴っている退却的な反応であり、怒りは否定的な評価を伴った攻撃的な反応である。感情とは、自己の快不快・利害に関係する状況に直面したことから生じる態度であるといってよいだろう。感情が意図的・計画的な行動から区別されるのは、状況の中で反応的、すなわち受け身の状態から生まれるからである。

このように、感情は、合理性や知性と相反するものではない。しかし、なぜ、感情は理性と対立するものと考えられてきたのだろうか。それは、感情には個人の好悪や利害が関係しているからである。理性は、個人のレベルでは、感情という基盤に支えられているが、それが人間関係や社会の秩序であると認識されれば、個人という基盤を離れることになる。そうして、理性は、個人的である感情と対立するかのように思われる。しかし、感情は社会の中で共有されるものでもある。社会の中で不利になっている人々への共感が共有されることで、その人たちは社会的に包摂されるようになるであろう。犯罪に対する怒りが共有されれば、法律や政策に影響を与えるであろう。したがって、感情が理性と対立させられる場合とは、個人的利害と集団的利害とが不一致であるときである。

共感と愛は、人々を結びつける。嫌悪や憎悪、恐怖は、人々を分離する。対話的合理性に必要なのは、共感と愛だろう。しかしこれだけでは足りない。共感と愛は人を結びつけ、包摂しようとする。しかし、人は個として存在しており、対話によってかりに合意が生まれても、その共通の価値や認識に還元されない差異にこそ、個人の個性が現れる。そこに、他の個とは異なる人格の独立性がある。人々を結びつけながら、個々人が集団から距離を取れる感情とは何であろうか。

それは笑いではないだろうか。笑いは複雑で表現に富んだ感情であり、定義することは難しい。しかし、笑ったことのない者はいないだろう。それは自分自身の場合も含めて、対象から距離を取り、自分と他者を分離し、あるいは見られる自分と見る自分を分離し、利害からも距離をとり、しかし緊張感から解放されることで生じる感情である。笑いは、この距離の感覚ゆえに、他の感情と異なり行動と直接結びつかない。それは、純粋な認識のような対象との関わりの薄さをもっている。笑う人は状況に飲み込まれておらず、どこかで余裕がある。状況や対象に対して優越状態にあると言ってもよい。

対話的合理性に必要とされるのは、一方で人を結びつける共感と愛であり、他方で、笑いである。笑いは、人々の間で伝播し、共同性の感覚を喚起しながらも、怒りや悲しみや喜びのような湿度がない。笑いでは、個々の人間は切り離されて独立である。悲しまない人がいたら不謹慎に思われる事態は存在しても、笑わない人がいたら許されない事態は存在しない。笑いは自由で、その人を縛る規範性がない。

笑いは二重の感情、あるいは矛盾する感情の表現である。笑いは、ほほえみと異なり、喜びの単純な表現ではない。無邪気そうに、何でもよく笑う子どもの笑いの中にも、生き生きとした子どもの感受性の爆発の後ろに、大人と同じく冷静で対象を突き放した視線の萌芽を見出せるだろう。

シャルル・ボードレールは、笑いを二種類に分けている。ひとつは、「有意義的滑稽」であり、もうひとつは「絶対的滑稽」である。有意義的滑稽とは、対象を突き放しながら、自分は優位の立場に居続ける笑いである。人が失敗したのを見て笑う、人の弱さを見て笑う、不幸に見舞われたのを見て笑う。こうした笑いには、自分はその人の困難の外にいて、優位な位置から見下しながら距離をとる態度が含まれる。笑いがときに侮辱であり、不謹慎であるのはこのためだ。

これに対して絶対的滑稽はグロテスクを面前にしたときに生じる滑稽な感覚である。グロテスクとは、異様な対象や人物に対して、ある種の共感を覚えながら、同時に嫌悪感も覚えるような矛盾した感情が喚起されることである。グロテスクなものは、奇妙で、醜怪で、不調和、不気味でありながら、私たちの視線をくぎ付けにしてしまう。ルイス・キャロルの『不思議の国のアリス』に出てくる妙な生き物たちがそうである。ホラー映画でおなじみの怪物たち、ドラキュラ、フランケンシュタイン、貞子もそうである。

絶対的滑稽とは、ボードレールによれば、真の笑いであり、無意味（ナンセンス）な笑い、はげしい哄笑である。そこには有意義的滑稽にみられる、傲慢やうぬぼれ、無粋さや下品さがない。絶対的滑稽が、かりに笑う者の優位性を示しているとすれば、それは世界全体から距離をとれるという認識者の優位性である。それは、人間性が内包する根本的な矛盾や不合理を、そのままに肯定する態度であり、「無垢な生や絶対的な歓びに接近するところの遥かに多いもの」である(59)。

であるとするなら、対話的合理性が生み出すものとは共感と笑いである。対話的合理性とは、自らを非合理と認める者が真理を望む態度である。合理性は閉じてしまえば、非合理となる。合理性は、自分を非合理と認めなければ非合理となる。人はさまざまな人への共感を通して理性を発展させる。

しかし、これにはつねに限界があり、自らの合理性が非合理にとどまっていること、そして自らの合理性を信じれば信じるほど非合理が深まる。このパラドックスを前にした、あるいは、このパラドックスを自らに宿した人間に生じている感情とは、笑いなのである。ただし、それは絶対的滑稽からくる哄笑というよりは、対話の参加者と共に同病相哀れむといった体のユーモラスな笑いといった方が適切かもしれない。ユーモアとは、他者にも自分にも等しく距離を取り、その弱さや愚かさ、みじめさを笑い、それでもそうした人間の業《ごう》とか性《さが》とかをまるごと受け止め、肯定しようとする。ユーモアは、共感性と自己反省性に基づいた笑いである。それは有意義的滑稽や皮肉のように、自分を特別視した笑いとは異なる。共感とユーモアによって他者を迎え入れることのできる人間が、唯一、合理性の中にとどまることができるのである。

(59) シャルル・ボードレール(一九九九)『ボードレール批評 1』阿部良雄訳、ちくま学芸文庫、二三三頁。

第7章 対話・教育・倫理

しかしながら、二人の人間が暴力を放棄してコミュニケーションをとり始めると、彼らは外部の人間とはコミュニケーションのない暴力的な関係に入る。(60)

アルフォンソ・リンギス

本章では、対話に関する倫理的な問題について論じることにする。まず、自由に安心して対話できる環境はどのように確保できるのかという対話と場所との関係について論じる。

本書では、これまで対話と思考との関係について一般的に論じてきたが、実際には、そのどちらもが特定の場所と機会において行われ、そのあり方に著しく影響を受ける。「トポス(topos)」というギリシャ語は、もともと場所を意味する。場所は、たとえば、記念の場所とか、祈りの場所とか、共通の観念を人々の間に想起させ、そこにいる人々の人間関係を構成する。ここから、アリストテレスは

(60) アルフォンソ・リンギス(二〇〇六)『何も共有していない者たちの共同体』野谷啓二訳、洛北出版、一〇二頁。

『トピカ（トポス論）』という著作において、一定の考えや感情を喚起する機能をもつテーマや概念、定型的表現を論じた。英語のトピックという言葉はトポスに由来している。

対話のための場所に関しては奇妙な逆説がある。それは、対話は一般に開かれたものになるためには、環境や文脈からの影響を排除した閉じた場所を構築しなければならないという逆説である。本章は対話と場所の問題について論じていく。

次に、対話が構成していく人間関係と社会の特徴について論じる。哲学的な対話を行う集団は、本質的に民主的な性格をもつようになること、逆に民主主義的な社会とは、真理への探求が人々を結びつける絆となっている、大きな「探求の共同体」であることを論じる。「探求の共同体」において参加者に求められているのは、ひとつの合意に到達することではなく、これまでとは異なる違いであり新しさである。真理の探求、民主主義、コミュニケーション、この三つにとって新しさは根源的な価値なのである。最後に、以上の観点から対話が教育においていかなる意義を持つのかを論じる。対話を中心とする教育のもっとも大きな意義は、平和の構築の仕方を学ぶことにある。それは対話の過程に人々を包括していくことであり、対話を基本とする道徳教育は、その対話の帰結よりも過程こそが重視されるべきである。

1．理想的な対話状況は可能か

前章では、対話的合理性を実現するには根本的な困難が二つあることを指摘して、そのひとつの非合理性について論じた。対話にとってのもうひとつの困難とは次のようなことである。

私たちが対話を重んじるのは、対話によって検討された問題解決策あるいはルールや政策が、他の形——たとえば指導者による独断、少数の者による調整など——で定められたものよりも、はるかに信頼でき、理に適い、道徳的な正当性をもっているからである。

道徳のルールに関しても、十分な対話によって定められることが、過去からの慣習や十分に検討されていない通念よりも、真に権威をもった規範となるからである。なぜなら、現在の人々における議論は、過去からの慣習よりもはるかに広く時間的に長い視野から物事を論じられるからである。対話することはすでに道徳的なことである。なぜなら、対話は根本的に双方向的であり、相互吟味的な過程なので、参加者には、平等で対等な人間関係が生まれ、相互への責任感を醸成するからである。とりわけ顔の見える、直接的に相手と相対する対話においては、この傾向が強まる。道徳性・倫理性、あるいは民主的な制度の基礎は、市民同士の対話にこそ求められるべきである。

しかし、真に対話が成立するには条件が必要である。すなわち、参加者が、ひとりの人間として、人種、国籍、民族、ジェンダー、年齢、社会的役割や地位、権力関係にしばられることなく、公平で、対等で、平等な立場から話し聞くことができること。どのような内容であっても、それが他者の人権を害するようなものでないかぎり、自由に、安心した気持ちで発言できること。こうした条件が整ってはじめて真の対話が可能になる。

参加者が社会的役割や地位、権力関係にしばられることなく発言できるといっても、もちろん、参加者は自分が何者であるかを忘れ去って、匿名の状態で発言しなければならないという意味ではない。

たとえば、女性として、若者として、環境保護管理官として発言することは一向に構わない。むしろ、立場や意見の多様性によってこそ対話的合理性が発揮される。しかしどのような立場から発言されても、公平な観点から、他の参加者と対等なものとしてその発言が検討され、吟味されなければならないということである。

自由に、安心して発言でき、質問できることを、哲学プラクティスの世界では知的な「安全性」と呼ぶことがあるが、このような安全な状況をどのようにすれば作り出せるだろうか。これまで対話的合理性は理想にすぎないと批判されてきた。理想的な発話状況を確保することが困難であることが指摘され、対話を対話たらしめる条件や状況は、対話活動そのものからは生み出せないのではないかという疑問が投げかけられてきた。

議会や法廷は、議論をするための場所である。そこでの発言は、立場のいかんにかかわらず、内容が論理的にあるいは実証的に吟味される。しかし議会や法廷での討論は、政治家や法律家などという専門家に参加が限られ、法的に保証された制度内での対話である。そこでの対話の安全性は、制度的に保証されている。あるいは、学問や科学における研究者間の対話も、制度的に自由な発言が保証されている。これまで論じてきた哲学対話について言えば、子どもの哲学に関しても、それが学校での活動であれば、学校というある種の権力性を持った制度のなかで実現されており、教師が自由な対話という趣旨を理解してさえいれば、安全性は確保されているだろう。

以上に挙げた場所では、議論を議論として行うような制度的な設定がなされている。そうした囲い込まれた場所での議論は安全が保証されているかもしれないが、それは自由な話し合いの場所になるように、最初から設定されているからである。しかし、私たちの日常の話し合いは、フラットな人間関係において、安全な状況で行われるわけではない。国際政治、議会の外での政治的なやり取り、行政との会合、企業内でのミーティング、学者・研究者・技術者と市民との議論、医師などの医療の専門家との話し合い。これらの場所において公平な立場で自由に議論する必要性が生じても、さまざまな人間関係の力学や権力関係、社会的地位や立場、知識の有無などが作用して、到底、理想的とは言えない状況になってしまう。そうなれば、優れた創造的な議論ができる可能性はきわめて低くなる。

私たちの日常生活では、同等の立場で自由に議論すべき場合でも、参加者がそうした関係性になれないでいることが多い。いや、意図的に生産的な議論がなされないように、話し合いをするふりだけをしている場合もあるだろうし、他方が最初から対等な立場での話し合いを求めていない場合もあるだろう。政治の舞台で、公平な議論を避けてただ自分たちの側に優位なように交渉を進めようとする場合もある。

しかし、参加者が真に有意義で、創造的な議論を望んでいる場合でも、そのような場をうまく作り出せないことがある。ある企業のミーティングはいつも振るわないという。発言する者は決まっており、多くはあまり積極的にアイデアをださない。業績はそれゆえにあまり振るわずに、生産的な会議がしたいと経営者や上司は真剣に思っている。しかし会議がうまくいかない。ある地域で、さまざまな立場の考えを持ちよって、地域の未来について真剣に話し合いたい。しかしどうも毎回、立場や地位や年齢や経験で発言に偏りが出てしまい、話し合いが不調に終わる。こうした相談は実際に、著者のところにたくさん来る。

議会や法廷、学問や教育の場、自由な集会、こうした純粋な議論ができる場所がかりに存在するとしても、それらは制度やそれに伴う権力によってそのように設定され、他の世界から切り離された場所である。それは外部の力によって閉鎖されたトポスである。しかし奇妙なことに、この閉じられた空間での議論が普遍的なものとして考えられている。法律、裁判、学問・科学、これらは場所を問わずに、誰についても成立する普遍的なルールや判断や知識を生み出しているとされている。そして、そのいずれもが、記録に残され、基本的に誰からもアクセス可能な公開性をもっている。もちろん、その場所を作り出している資金が税金などの公共的な財源から得ているということもあろう。

これが先に述べた、対話は一般に開かれたものになるためには、閉じた場所で行われなければならないという逆説である。そしてこれらの対話によって定められたルールや判断や知識が世に提示されるときには、ある種の強制性と権威性を身にまとっている。法律や結審の結果が権威を持つのは言うまでもないし、学問や科学も、学ぶべきものとしてゆるぎのない権威をもっている。これらの場での対話がかりに公平で対等な立場からなされたとしても、私たち一般の人間は、その過程にほとんど関与することができない。閉じられた場所での専門家の議論によって定められた結果をただ受け取り、一種の強制装置によって従わせられているだけである。立法や司法や学会は、あらゆる人の潜在的な参加を叶えていると言えるだろうか。そうではあるまい。すなわち、閉じた空間での対話は、そこでの発言の安全性が確保されていたとしても、じつはそこへの参加はきわめて限られていて、あらゆる人の考えや意見を反映しているとは言えないのである。他方で、私たちの日常は開かれてはいるかもしれないが、利害関係や権力関係、立場や役割、縁故関係などさまざまな文脈によって不純にさせられており、自由に発言できる対話の場と呼ぶには遠い。

2. 対話のルール——議論の内容と進め方は分離できない

では、自由に発言でき、公平な立場から議論できる安全な対話状況を、どのようにすれば、どこにでも作り出すことができるようになるだろうか。

ここで安全な対話について指摘すべきことはいくつかある。ひとつは、誰でもがもっとも自由に発言できる対話の場での議論の内容は、かならず哲学的になるということである。ここでいう「哲学的」とは、より根本的なレベルで自己反省的で、自己変容的に思考し、議論しようとする態度である。もうひとつは、議論の内容が哲学的になるのは、その対話の場に一定のルールがあるからだということである。言い換えれば、哲学対話で実施されているルールにこそ、話し合う内容を哲学的にする力があるということである。そして第三に、そのルールに参加者全員が従うという約束が成立すれば、安全な対話状況を作り上げることができることである。対話が成立する状況は、対話の内容ではなく、対話が従うルールから生まれてくる。そのルールを守ることは、ある意味においては対話の外側にあることだと言えるかもしれないし、ルールは対話の最中で守られてこそのルールだから、対話の中に含まれていると言えるかもしれない。しかし哲学においては、それを論じる方法や手続きと、内容とは区別することができない。

哲学対話のルールは、最初に企画者や司会役のファシリテーターが説明して、個々の参加者がそれを意識して、対話の流れのなかで実現されていくものである。参加者同士の関係をフラットなものにする哲学対話のルールとは何であろうか。多くの哲学プラクティスの実践者が、自分の哲学カフェや子どもの哲学でのルールとしているのは、以下のようなものである。

- 互いの人格を尊重すること。
- 他者の意見を傾聴すること。
- 誰でも同格の人間として話し合うこと。
- その場をひとりで専有しないこと。
- どんな意見や質問を出しても構わない。
- 話したり、考えたりしている間は待ってあげること。
- 急がないこと。じっくり考えること。
- 他人の意見に応答（質問）してあげること。
- ひとつの意見を理解するためにしっかり質問すること。たとえば、「なぜ（理由）」、「どういう意味（意味・定義）」、「具体的に言えばどうなりますか（具体化）」、「証拠や具体例はありますか（実証性）」、「いつでも当てはまりますか（一般化）」、「こういう場合にも当てはまりますか（反例）」、「本当にそうでしょうか」など。
- 発言するときには、前の意見との関係性を示すこと。賛成、反対、質問、別の角度からの意見、話題を変えるなど。

・自分の経験や考えで話すこと。何かの権威に頼らないこと。
・結論がかならずしも出なくてもよい。
・対話のあとも考え続けること。
・ファシリテーターは進行の助けをするのであって、答えをだすためにいるのではない。
・自分の意見が変わってもよい。
・調べれば分かることではなくて、みんなで話し合うべきことを問いにする。
・すべての人が参加する。

それぞれの哲学対話の実践家で、いくつかの違いはあると思われるが、これらはかなり共通したルールである。関連の書籍や論文や報告書を見ると分かるだろう(61)。これらは、倫理的なルールであると同時に、探求的な対話を進行させていくためのルールでもある。一般の人や子どもにも理解しやすいように単純簡潔に記されているが、ルールの核となっているのは、他者を尊重し傾聴する姿勢、他者の声に応答する姿勢、真理を追求し自分の考えを変えていく姿勢である。

他者を尊重し傾聴する姿勢は、哲学対話におけるもっとも基本的な倫理的ルールであると同時に、

(61) たとえば、以下の本に記されているルールや方針のかなりの部分が共通している。梶谷真司(二〇一八)『考えるとはどういうことか――0歳から100歳までの哲学入門』幻冬舎新書。鷲田清一監修、カフェフィロ編(二〇一四)『哲学カフェのつくりかた』大阪大学出版会。

哲学対話が他の議論の仕方と大きく異なる点である。哲学対話では、ディベートのように相手の主張に対して検証の応酬をすることはしない。意見の真偽を問うことは大切であるが、問題は相手よりも自分を有利にさせることではない。

哲学対話での傾聴ということは、ただ受け身に話を一方的に聴くだけではない。心理カウンセリングで言う傾聴と、哲学対話における傾聴ははっきりと異なる。心理カウンセリングでの傾聴は、無批判の全人格的な受容としての傾聴である。しかし哲学対話における傾聴は、話し手の考えをしっかり聴くためにさまざまな質問をして、曖昧さを残さずに、話し手の考えを徹底的に理解していく態度のことである。哲学対話では、各人は自分以外の参加者が優れた意見を出してくれることにも期待し、対話で得られるさまざまな意見や考え方、物の見方はすべて共有される。心理カウンセリングは、つねにプライバシーに関わることである。哲学対話のテーマは、個人の問題から発していても、公的に論じて共有するべき内容である。

他者の声に応答する姿勢も、倫理的であると同時に探求的対話を深めるためのものである。他者の発言に応答することは、他者に対する誠実な責任ある姿勢を示すことであり、一種のケアリングでもある。しかしそれはただの会話ではなく、質問、同意、追加、批判、反論などによって、自分の考えを他者のそれと噛み合わせていく論理的で探求的な応答でもある。この意見同士のかみ合わせが、ただの会話を対話にし、対話のレベルを哲学的、すなわち自己を根源的に反省するレベルへと深めていくのである。

真理を追求し自分の考えを深めていく姿勢は、すべてのルールを支えている核心である。これはもちろん、リップマンが「探求の共同体」と呼んでいたものを構成しているルールにほかならない。真理を探求する「対話」は、互いの意見や情報、あるいは感情を交換して相互に理解を深めるための「会話」とは異なる。対話とは、真理を得ようとして共同で行う探索であり、吟味であり、探求である。探求的な対話には、論理や内容に沿って出てくる方向性というものがあり、探求のプロセスは議論が連れていってくれるところへと動いていく。そしてその議論の中で、自分の以前の意見や物の見方は変更を迫られる。さらに、自分(たち)が暗黙に信じていた諸前提が洗い出され、他の前提に立って考え、行動する可能性が示される。

私たちは、自分で知らないうちにさまざまな常識や「知識」を身につけ、他者を単純に模倣し、慣習に従って生きている。哲学対話は、それらの私たちを根底から縛っている常識や慣習を明らかにして、これまで当然視してきた自分たちの暗黙の前提が妥当であるかどうかを問い直す。すると、他の考え方や物の見方が可能であったことが示され、現在の自分の考え方や見方が、ありうる可能なもののひとつに過ぎなかったことが理解される。こうした哲学対話によって喚起される反省的な思考は、私たちを以前よりも自由にする。自分の行動や考えを、古い枠組みから解き放つ。参加者個々人は、対話において話された内容をもとにして、自分自身を振り返る。自分自身で考えることによって、対話で共有されていたものは個々人のなかへと定着していく。自分を振り返り、自分を自由にしていく自己反省的な活動こそが哲学対話である。

先のルールの中で、実際の実践において非常に重要なのは、「自分の経験や考えで話すこと」という項目である。既存の知識や情報、学説や理論などに言及せずに、自分の経験と考えとで発言しなければならない。これは専門性をいったん、脇に置き、ひとりの人間として発言することを意味する。その分野の専門家ならぬ参加者と同等の立場で、自分の専門性に距離をとって対話をすべきである。あるいは、自分の発言を権威づけたい気持ちから、知識を引用したくなるのかもしれないが、哲学対話は、人よりも優越していることを示すために行うのではない。他者と同じ立場に立つために話し合うのである。自分の無知を自覚し、他者とともに真理を探求するために行うのである。

真理を共に探求するという根本的なルール（ないし心構え）が参加者によって尊重されるならば、対話の場は、自由で安全な場所になる。ルールはオーガナイザーかファシリテーターによって提示され、指導されるが、それを自律的に取り込んで、対話を真剣な探求の場所とできるかどうかは参加者にかかっている。それは、対話の場と公開性を、ルールの自律的な生成によって作り出すというプロセスである。議会や裁判、学会は、公開的であるが、しかし閉鎖された場所と限られた参加者として最初から設定されている。そこでは、対話の進行とは切り離された形で発言の自由が保証されている。哲学対話はそうではない。対話のプロセス自体が、議論を開かれたものにし、参加者を平等にするのである。哲学対話では、参加者は議論の内容とその手続きあるいは進め方が分離できないことを知っている。だから、内容と手続きの双方に気を配るのだ。

3．真理の共同体としての民主主義

そこがどこの場所であっても、自由な立場から対話を行い、自分たちの議論の仕方によって、議論の内容はどこにでも広がるような一般性を持つようになっていく。そして、時間が来れば終了する。これが哲学対話である。対話で必要とされる人間関係は、渦巻や旋風に喩えられるだろう。渦巻が巻き込むのは、そこに流れていた水である。水は、ある一定の動きの中に引き込まれ、自らもその運動を継続させ、渦の外に出ていく。そのような対話の場が、川のそこここにあること。そもそも川の流れが、各所で渦巻を作り上げていること。それは川の流れをせき止めて人工的に渦を作り出すのとは違う。川の流れそのものが渦を生み出すのだが、渦のなかには一定の秩序がある。

これが自由で開かれた対話がモデルとすべき現象である。哲学対話の第一の意義は、ソクラテスが公共の場所で人をつかまえては議論していたように、真理を探求する共同体に誰をも導き入れ、互いが互いの声を傾聴し、自分を変える準備をしながら対話を行うことにある。

そこで、以下では、真理を探求する共同体という哲学対話の集団構成が、民主主義の集団構成そのものであること、すなわち、民主主義社会とは真理の「探求の共同体」であることを指摘したい。真理の探求こそが、人間同士を公平で平等にする。人間たちの真理への関係性が、人間同士を自由にする。

哲学対話は、個人と集団のレベルでそれぞれの効果をもっている。

個人のレベルでは、まず思考を深くすることができるだろうし、教育的な側面で言えば、いわゆる思考力が発達するという効果が期待できる。もうひとつの個人レベルでの効果は、先に述べたように自分を拘束している諸前提を反省することで、発想と行動の可能性が広がり、これがカウンセリング的な効果をもつことである。哲学カウンセリングは、この効果に基づいた実践である。

集団のレベルで言えば、深い次元での集団的問題解決の可能性が開かれる。また、対話により人々は、異なっていることと結びついていることの両方が求められていることを実感する。これにより、集団を形成し維持する効果が生じるのである。対話は、相互に対等な関係を前提として開始され、対話が進めばさらに対等である認識が深まる。対話によってこれまでの自己のあり方が問われるようになり、自己反省が自己変容をもたらす。自己変容は、ときに不安や当惑を与えるかもしれないが、それは自己が対話の中で相手に受容されている限り苦しみを感じるものではない。そして変容した自己は、相手と新しい関係を築く。対話は、こうして人間関係の階層化や固定化を変える働きをする。

アメリカのどの州よりも多民族的なハワイで、パリなどヨーロッパの移民の多い都市で、メキシコやブラジルの貧困地域で、子どもの哲学が強く求められるのは、哲学的な対話は、人間関係の刷新を可能にするからである。子どもによる哲学対話の効果のひとつとして、シチズンシップ教育に役立つと指摘することは間違いではない。しかし、子どもをよき市民にする以前に、市民であることから疎外させないための活動が子どもの哲学なのだ。哲学は人間を市民にする活動であり、市民を職能や地位によってではなく、人間として扱う活動である。市民同士は話し合い、議論しあって社会を形成する。逆に、話し合い、議論し合える人々だけが市民と呼ぶことができる。その話し合いは、自分たちを結びつけながら、自分たちの世界への向き合い方に、多元性と多数性を持ち込むためのものである。

社会の形態は、人々がどのような絆で結びついているか、そしてどのようなコミュニケーションの仕方をしているかによって決まってくる。これまで世界には多種多様な社会が存在してきたが、それらをそれぞれ固有のコミュニケーション構造の違いとして記述することができる。

人と人とが繋がるためには何かが共有されていなければならない。人々は衣食住といった生活に関わることについて共通の関心を寄せているが，そうした事柄についてかならずしも利害が一致するとは限らない。人々を結びつける北極星のような極が，社会をひとつのものとするには必要であろう。これが何であるかによって，社会の形態が異なってくる。

たとえば，権威主義的と呼ばれる社会においては，人々を結びつけているのは，宗教的・文化的権威である。権威主義では，神のような超越者が立てられ，そこへ帰依することで人々は結びつく。ゲマインシャフトと呼ばれる共同体では，自然発生的な地縁血縁や伝統，権威，慣習によって人々は結びついている。ここでは人々は過去を共有し，個人はすでに与えられた固定的な地位と役割を生きることがしばしばである。日本でいう村社会がそうであろう。むろん，ゲマインシャフトと権威主義的社会は両立するし，しばしば両者は同じものである。これらの社会は権威からの距離によってしばしば厳格に階層化されており，個人と個人のコミュニケーションはその階層によって制限され，高層の人々と低層の人々のあいだにはディスコミュニケーションが生じてしまう。

以上の二つの共同体が古典的で前近代から存在しているのに対して，ゲゼルシャフトは近代的な契約社会のあり方である。ゲゼルシャフトとは，自分の選択で参入する社会であって，たとえば，大都市や近代国家の国民，企業や組合がそうである。共同の目的や共通の利益によって人々は結びついている（日本のように同質性の高い民族がマジョリティをなしている国では，「国民」はゲマインシャフトに思われるかもしれないが，実は近代以前には，日本人は自分の村落や藩への帰属感が強く，「日本人」として自分たちをひとまとまりのものとして考えていなかったのである）。そこでは人々は未来を共有して生きている。

しかし、このどれもが私たち人類を結びつける絆として十分ではない。現代社会では、あらゆる人が何かの超越的な権威を認めることは困難である。どのような宗教的あるいは古典的な権威であっても、同意できない不合理な特徴がありすぎるからである。そして権威を認めない人、疑問を抱く人たちは、権威主義社会からは排除されるであろう。ゲマインシャフトの結び目としての地縁血縁や伝統、権威、慣習は、それを生まれながらに受け継ぎ、何の疑問も持たない人以外には、説得力をもたない。外部から来た人間には、おおよそ受け入れるのに難しい絆である。過去の同一性に関しても、ゲマインシャフトではどこかに恣意的な始祖を仮定して、そこからの流れに属さない人々を排除してしまうだろう。

ゲゼルシャフトでは、誰でも同意しさえすれば未来と目的を共有できるだろう。その意味で、ゲゼルシャフトは、権威主義やゲマインシャフトよりもはるかに開かれた近代的な社会である。しかし、ゲゼルシャフトの定める利益や目的にどれほど貢献したかで、大都市であれ、近代国家であれ、企業であれ、その成員の間に上下の序列が生じてしまう。ゲゼルシャフトはメリトクラシー（業績主義、能力主義）になりがちであり、能力や業績に長けていると誇示する競争を勝ち抜いたものが優位な地位を占めてしまう。ここから社会の階層格差が生じてくる。階層的な社会では、上下の一方向的なコミュニケーションが公的な領域を支配し、市民同士の水平的なコミュニケーションは上下間のコミュニケーションに比較して二次的となる。私たちは序章で現代社会における分断を見た。この分断は、根本的には近代社会のゲゼルシャフト的な特性から来ている。ゲゼルシャフトでは、人々を真に平等に包括することが難しい。

私たち現代人は、権威も過去ももはや共有しておらず、未来や利益を共有できるとは限らない。これら三つの社会のどれもが完全に人類を包括する原理とはなりえない。

では、何も共有しない人間の間で、人と人とを結びつけ、あらゆる人を包括できる何かが存在するだろうか。それは、唯一、真理の探求である。人間は、真理を探求する過程を共有することによって結びつく。

世界がどのようなものであり、それをどのように認識できるか。人間とは何であり、人間にとっての価値とは何であるのか。自然と生命とは人間にとって何なのか。自然と生命にとって人間とは何なのか。個人の人生と社会とはどういう関係にあるのか、個人がそれぞれの価値を追求するのに適した社会とはどのようなものであるのか。これらに関する真理は、知識、人間、社会がどうあるべきかについての基本理念に他ならない。それは、私たち人間の生き方を形作り方向づけるものであると同時に、私たちの共同の社会を構成する基本理念である。

しかし人を結びつけるのは、この理念を共有することによってではない。それでは、権威主義的な社会の絆と変わらない。合意した結論を共有することでもない。そうではなくて、これらの理念に関する問いを共有し、それを探求する過程を共有することである。真理を探求するには、あらゆる人間が自分の観点と意見を提出し、議論に参加する必要性がある。真理を探求するには、複数の異なった視点が必要だからである。

この真理探求の過程が、現代社会に生きる私たちを結びつけることのできる唯一の絆である。民主主義とは、真理の探求に基礎を置いた社会である。たしかに、私たちは普段、企業や役所のようなゲゼルシャフトで労働して賃金を得る生活をしている。しかし民主主義社会は、ゲマインシャフトでも、ゲゼルシャフトでもない。ゲゼルシャフトの理論家は、近代国家を契約性に基づいた社会としてゲゼルシャフトにカウントするが、民主主義は目的や利益で結びついた社会ではない。ましてや民主主義は権威主義社会でもない。

ゲゼルシャフトは、いまだ存在しない目的や利益によって人々を結びつける。ゲゼルシャフトは契約社会であるが、その契約は目的を達して、利益を上げるという約束が書かれている。たしかに、ゲゼルシャフトの結び目はいまだ存在しないがゆえに、万人に開かれている。しかしそれが目的や利益という到着点を持つかぎり、人を最後には序列化し、ときに排除する。

これに対して、民主主義とは、私たちそれぞれが真理を探求することによって隣人と結ばれる知の社会なのである。人々を結びつけている真理はいまだ得られていない。その結び目は永遠に得られないかもしれない。真理が先へ先へと延びていくのは、新しい人の観点が入るからである。新しい人の加入は真理の探求には欠かせない。なぜなら、新しい人が入るからこそ、これまで「真理」や「知識」とされてきたものの偏りや不十分さが指摘され、本当の真理が希求されるからである。ゲゼルシャフトと異なり、真理を探求する社会では、何が真理であるのかは、新しい人が、すなわち、これまでの「真理」や「知識」からもっとも遠い人が再設定するのである。

逆から見れば、真理を探求するには、民主主義的な社会である必要性がある。というのも、真理の探求には、自由なコミュニケーションが不可欠だからである。民主主義は、その成員間でのコミュニケーションが妨げられることのもっともすくない社会であり、コミュニケーションの自由度が最大化した社会である。このことは、権威主義社会やゲマインシャフトが、権威からの距離によって階層化され、階層間でのコミュニケーションが制限されていたことを思い出せばよいだろう。民主主義の成員は「自分のことについて発信し、それを他の人に聴取してもらえる」権利をもっている。民主主義は、各人は自分自身の行動を他の人々の行動に関係づけて考えるようになり、ひとつの関心を共有する人々の数がますます広い範囲に拡大していく社会である。

人間が等しく権力を分有する社会、すなわち民主主義社会とは、人間が等しく真理にアクセスし、真理について語る資格を持つ社会のことでもある。それに対して、権威主義社会では、宗教的・文化的権威が聖なる真理に近づくことができ、それを語る権利を独占する。ゲマインシャフトでは、過去を同じくする者のみが発言する。その土地の歴史や伝統を受け継いでいないものは真理からは遠い。年配の地域の権威者が、若い政治家よりも強い発言権を持つだろう。ゲゼルシャフトでは、目的と利益の探求に貢献した者だけが、価値に到達する方法について発言する資格を得る。メリトクラシーの中で不利に立たされた者は、注目されることはなく、語る資格をもたない。だから、私たちは、ゲゼルシャフトでは自分がいかに社会に貢献したかを主張するので大忙しになる。学歴なるものも、その自己主張のための手段である。これらの社会形態はそれぞれの仕方で真理について語る仕方を制限し、真理から一定の人たちを排除してしまう。

他方で、民主主義社会において、真理へアクセスする方法とは全員による対話である。対話では、もっとも多様で、もっとも多元的な視点が求められる。なぜなら、対話において真理はできる限りさまざまな人から検討されなければならないからである。新しい参加者には、その人たちの新しい観点で、これまでの考え方を検討してもらう必要がある。同じ意見よりもむしろ希少な異論を吐く者こそが重要である。対話は、誰もがひとつの同じテーマについて語りながら、同時にそれぞれが異なっていなければならない。同じ肯定の発言であっても、異なった人が、異なった文脈で発言しなければならない。対話とは、あるいは、コミュニケーションとは、参加者を結びつけながらも、同時に相互に差異があることを求めている。

こうした最大限に包括的な対話を可能にするのは、唯一、民主主義社会だけである。民主主義では、あらゆる人に参加と発言の権利がある。そうする義務があるとさえ言えるのだ。

ゲゼルシャフトは近代社会であり、科学的な知識に基づいて運営される社会でもある。企業の経営を考えてみればよいだろう。しかし、そこにはあらゆる人を包括し、あらゆる人に等しく参加させ、発言させる契機に欠けている。社会への貢献や有用性、能力によって参加可能性に傾斜が生じてしまう。哲学対話を見学したり、説明を聞いたりすると、「結論が出そうにない対話に何の意味があるのですか」と問う人々がいるが、これは過程よりも到達地点に重きを置くゲゼルシャフトの論理に絡め取られてしまっていることの証である。ゲゼルシャフトは目的への達成によって社会が結束するので、どうしても結果を優先しようとするのだ。右の問いを発する教師がいたとすれば、その教師は、生徒の点数をいかにあげるかに大きく気を取られている可能性がある。それは、メリトクラシーに暗黙に参加してしまっているだけではない。唐突な物言いに思えるかもしれないが、最終的に、そういう人たちは、人生を停止させ、終わらせようとする死への情念に密かに捉えられているのである。

現在の先進国を襲っているのは、ゲゼルシャフトによる疎外である。ゲゼルシャフトから自分が排除されていると感じる者は、ゲマインシャフトや権威主義社会に戻ることで、社会のなかに自分の居場所を見つけられると信じるのかもしれない。しかし、それはすでにありえない幻想である。権威主義的社会もゲマインシャフトも現代社会ではすでに終焉しつつある社会形態である。それらは包括力においてもゲゼルシャフトより弱い。そこに戻っても自分の居場所を見いだせる機会は、ゲゼルシャフトよりも少ないはずである。地元から出て都会の大学を卒業し、都会で仕事を続けたものが、いわゆるUターンしても、もともとの地域に馴染むことはすでに難しいという身近な事実がこのことの証左である。

それに対して、民主主義社会は、どの社会形態よりも包括的になっていく共同体である。民主主義社会の理念は、現在よりも社会をより包括的にすることにある。そこでは、真理はすべての参加者による対話によって追求される。民主主義の動力は、知への意志である。それは共感と知的吟味によってより力強くなっていこうとする知の意志の表現である。

4．哲学対話、民主主義、平和教育

以上のことを踏まえ、最後に哲学対話と教育、とくに道徳・倫理に関わる教育との関係について考察してみよう。

アルフォンソ・リンギスが指摘しているように、古代ギリシャで生まれた哲学的思考とは、古今東西の他の思想や叡智とは異なり、共同体を建設するという大きな目的に結び付けられてきた。いかなる思想も叡智も対話と議論によってこそ発展する。古代ギリシャの哲学は、そのなかでも民主主義という政体に強く結びつき、そのことに自覚的であった。「合理的な知識という形式は、一つに統合された共通の言説を生み出し、新たな種類の共同体、原理的には制限のない共同体を生み出す(62)」。

自分たちの行動を誰もが理解できる理由(合理性)によって説明しようとすることは、あらゆる人にとって同一であり、共通した言説を作り上げようとすることである。それは、原理的には、参加者を制限しないひとつの人類共同体に語りかける実践でもある。この共同体の中で、それぞれの人はさまざまな他者と出会い、その他者に向けて自分を説明するように求められる。このような合理的な言語実践によって、個人の考えや行動は、他者にも理解できる理由をもった考えや行動へと変容させられる。別の言葉で言えば、意味のある考えや行動として位置づけられるようになる。個人の考えや行動は、こうして普遍化可能なものへと改鋳されていくのである。哲学者とは、根源的にコミュニケーションのファシリテーターなのだ。

しかしこれまで論じてきたように、合理性は、固定した結論や完全に統一した合意を自分は得たと信じた途端に、非合理性へと頽落していく。哲学が合理的な営みでありつづけるには、結論や合意が得られたと信じてはならない。では、哲学において、哲学的な対話の実践において求められるべきはなんだろうか。ここでも、同じように、新しさである。驚きをもたらす新しさである。新しさは、問いと思考をもたらす。新しい参加者による、新しい意見、新しい視点、新しい問いこそが、哲学を合理的なものでありつづけさせ、社会を民主的なものでありつづけさせる。それは、人間がどんなに同意をかさねようともついにひとつの身体とはなりえないこと、そして理性も対話もすべて身体的な営みであることの別の表現なのである。真理を探求する共同体とは、新しさを渇望する共同体である。新しさとは違いを見つけることである。対話は、強制的な統合も、集団からの排除もなく、人と人とを異なったままに結びつける。差異がなければ対話する必要は生じず、結びついていなければ対話することはできない。そして誰もが、いかなる専門性をも持たない一般の人々が、それぞれの自己表現で参加できるのが、哲学的なテーマの対話なのである。

真理の探求、民主主義、コミュニケーション、この三つにとって新しさは根源的な価値である。コミュニケーションとは、やり取りをした者たちが変容する情報の交流のことである。受信者と発信者の双方が変容するには、それまでのやり取りにより固定した両者の関係に差異が現れなければならない。しかしただの刺激による行動の変容と、コミュニケーションによる変容の違いは、コミュニケーションが世界の意味付けを変えることで、受信者の行動を変容させる点である。コミュニケーションとは、受信者を新しい世界に連れ出すことである。たとえば、地震についての情報は、聞き手を地震が発生した世界へと連れ出し、それによって聞き手の行動を変容させる。聞き手がすでに知っている情報を知らせたところで、聞き手の行動は変わらない。

この新しさを求める気持ちは、自分を変容させようとする気持ちと対になっている。自分を変えたくない気持ち、別の角度から見れば、何かに固着した気持ちは、新しさを拒んでしまう。後者は、非

(62) アルフォンソ・リンギス前掲書、一七頁。

合理な態度、すなわち自分はもう新しい人々や集団に出会いたくないという態度に陥ってしまう。ここでも、新しさを受け入れる柔軟性を作り出すのは感情である。共感と笑いである。新しいものへの共感は、好奇心と言い換えることができるかもしれない。好奇心は、つねに自分を新しくさせようと構えている人たちの取る態度である。新しいものを受け入れるときに思わず出てしまうユーモアは、新しいものに接したときの戸惑いと驚きを肯定しようとする態度から生まれる。戸惑い、驚いた自分に距離をとって受け入れ、それからその新しさについて考え始めるのである。

以上のことから、子どもへの教育に対話、とりわけ哲学対話を導入する意味とは何であろうか。

私たちの社会における教育は、子どもたちを、民主主義を担う主権者へと成長させる教育を含んでいなければならない。哲学対話の教育は、先の章で紹介したように、子どもたちの思考力を伸ばす、コミュニケーション力を伸ばすというスローガンで注目を集めている。まだ学力主義的な意味合いが残っているこのスローガンも無下に軽んじられるべきではない。現在の社会のあり方や人々の価値の在り処を無視して、高飛車に行くべき場所を指差すのは傲慢の罪を犯している。保護者や現場の教育者の子どもへの愛情と期待を、よりよい仕方で表現できる方法を提案すべきである。

哲学的に対話する経験は、たしかに考える力を成長させ、人と話し合い議論する力を伸ばす効果があることは、すでにこの数十年間の実践の積み重ねから得られたさまざまなデータが示すとおりである。子どもの哲学が、現在、教育の各方面から注目されるのも、思考やコミュニケーションという能力の成長に明らかに資するからである。子どもの哲学に、現在のアクティブ・ラーニングや探求型の学習のための方法を求める人も、議論し考える新しい道徳のための方法を求める人も、この意味ではまったく正しい選択をしている。

しかしそうした教育効果を持つことが、子どもの哲学の本来の目的なのであろうか。私はそうではないと思う。対話を中心とする哲学教育のもっとも大きな意義は、民主主義の主権者を、すなわち、能動的に民主社会に参画する市民を作り出すことである。すでに述べたように、民主主義社会とは真理を探求する共同体である。この基本的なあり方を身につけることは、学校においてもっとも優先されるべき課題である。

東西冷戦が終結した一九八〇年代末頃から、先進国ではどこでも政治的な無関心が広まり、とりわけ若者が政治的な参画に消極的になっているのが現状である。日本ではとくにその傾向が強く、このままでは民主主義が危機に瀕してしまう可能性がある。そこで子どもたちには、民主主義社会の主権者として必要な権利と義務、その振る舞い方を学んでもらうためのシチズンシップ教育が必要とされている。シチズンシップ教育はさまざまな形で行うことができるが、そこにおいても、探求の共同体を形成し、ともに真理を探求し、他者の声を聞き、自己を表現することを学ぶことがもっとも重要である[63]。この対話的な人間関係の中に民主主義の基礎があるからである。

哲学対話は、民主的な人間関係の構築を子どもが学ぶよい機会となる。これは哲学対話が、本質的

(63) シチズンシップ教育と哲学対話との本質的なつながりについては、すでに拙著で説明しておいた。河野哲也(二〇一八)『じぶんで考えじぶんで話せる――こどもを育てる哲学レッスン』河出書房新社、五七―六六頁。

に道徳的・倫理的な教育の実践であることも意味している。日本では長らく、重要な徳目を感動的な逸話をもとに教えるという、心情に重きをおいた道徳教育が行われてきた。しかしそれがあまり有効ではなく、また子どもの関心をほとんど惹かないだけではなく、教師たちにもやる気を生じさせず、結果として道徳教育が蔑ろにされてきたことは明らかである(64)。ある社会が道徳的になるということは、そこに属する誰もが道徳的な配慮の対象となるような社会になるということである。それは、あらゆる人を社会的に包摂していくことに他ならない。また、道徳的な事柄について積極的に貢献する人物とは、そうした包摂的な社会を構築する人物になるということである。言い換えるなら、あらゆる人の声を聞き届けようとする人物になることである。

そうした態度は、自分の日常生活から縁遠い逸話を聞くことによって学ばれるのではなく、実際にそうした包摂的な過程を自分たち自身で実践することによって獲得される。すなわち、道徳・倫理に関わる一般的な問題について、クラスや学校で生じている問題について、社会で生じている問題について哲学的な対話を行い、できれば自分たちとしてはどうしていくべきなのか、実践のための方針やルールを定め、自律的に実行していく経験こそが道徳性を育て、豊かにしていくであろう。そして、それは民主主義社会の将来の主権者を育てる教育に他ならないのである(65)。

繰り返し述べてきたように、対話は、人々を探求の中で結びつけながら、各人が異なっていることを同時に求めている。対話は人と人とを直接に、しかし異なったままで結びつけることができる。こうした結びつきこそが、現代社会で求められているものではないだろうか。

現代の日本社会では、人々を結びつけているのは、「普通」と呼ばれる基準である。「普通」とされている基準に合わせることで、自分が多くの人と一緒であることを確認する。しかしその「普通」とは明確には何のことかがよくわからず、自分で選んだり決めたりしたものでもない。私たちは「普通」と呼ばれる他律的な基準を、暗黙のうちに強制されている。「普通」の代わりに「空気」という言葉を使ってもよいかもしれない。ここで、「普通」とされていることは、「平均的」とか「通常の」を意味するのではない。「普通」とは、どこからともなく世間が求めてくる、個人が到達すべき水準のことを意味している。つまり、生徒らしい服装をするのが「普通」であり、女性は男性よりも周囲に気づかいするのが「普通」であり、サラリーマンはコレコレの髪型をするのが「普通」であり、会社の暗黙の慣習に合わせるのが「普通」であり、学校では協調行動ができるのが「普通」である。ここでの「普通」とは能力ばかりを指しているのではない。暗黙の規律やローカルな慣習、多くの人が同調している流行に従うのが「普通」である。「普通」とは、「それに合わせよ」という、どこから発せられているのかわからない命令である。公私を厳密に切り分け、公の場では私事を慎み、公の流れを妨げてはならない。その公の流れこそが、「普通」であり、「空気」である。そして、実際には、「普通」を命じているのは特定の権威や権力である。その権威と権力の流れに逆らうのは「普通」ではない。したがって、「普通」という言葉には、権威や権力への恭順と、それに従う人々への同調と

(64) 文部科学省はそのことを認めている。https://doutoku.mext.go.jp/pdf/improvement.pdf

(65) 道徳教育と主権教育との関係については以下の拙著を参照のこと。河野哲也（二〇一一）『道徳を問いなおす――リベラリズムと教育のゆくえ』ちくま新書。

いう二つの圧力が働いている。

多くの人々は、この押し付けられた他律的な規律を内面化し、それに合わせようと固執しつつも、そうなりきれないでいる。そして、そこから生じた自己否定的な感情を他者へと投げつけ、「普通ではない」他者を排除しようとする。本人は「普通」になろうと頑張っているのに、「普通」ではないくせに「ノウノウと生きている」人々が許せなくなる。とりわけ犯罪者は公を害する者であり、どんなに小さな過ちでも社会の秩序を乱す不届き者である。こう考える「普通」を重んじる人たちは、犯罪者に対して厳罰を与えて排除すればよいと考えている。日本人がいつまでも死刑を廃絶しないのは、死こそが一番てっとり早い排除の方法だからである。日本の社会は、この「普通」、すなわち、権威や権力への恭順によって個人が結びついている階層的な構造をしている。したがって、「普通」に従わない人々は、社会の絆そのものの破壊者に思えてくる。障害や疾患のある人、海外からの移住者にスティグマが貼られるのは、「普通」によってしか社会が成り立たないと信じられているからである。「普通」によって成り立っている社会には対話はない。対話をするならば、何が尊ぶべき規範であるかを議論できるだろう。それはこれまでの「普通」とは異なる規範かもしれない。だから、権威と権力に執着する者は対話を恐れる。

先に述べたように、哲学対話の問いは、私たちの世界の分類法を「〜とは何か」という問いによって問いただす。それは、現在の私たちの社会における物事の区別の仕方と、それに伴う物事の扱い方を再検討しようとする。「礼儀とは何か」と問うときに私たちは、何が礼儀であり、どのような行動をとれば人に礼を尽くしたといえるのかを改めて議論する。それは、現在の社会における社会的な関係を考え直すことである。「仕事は何のためにあるのか」と問うことは，労働が人間にとってどのような意義を持つのか、生活と仕事のバランスや仕事の社会的な意味を問い直すことである。それは、社会の労働のあり方を変更する可能性を探ることである。「なぜ」という問いで、私たちはさまざまな事象と行為の究極の目的を探る。「なぜ勉強するのか」という問いは、現在の勉強が自分の将来の人生のあり方と目的にどのようにつながっているのかを問い直している。哲学対話が、子どもに考えさせ、子どもに対話させるのは、他者とともに人間の世界を組み直していくためである。対話は、「普通」を求める階層的な社会では決して得られない人間的な絆によって社会を連帯させるのである。

最終的に私が主張したいことは、哲学対話を教育する目的は平和の構築の仕方を学ぶことにあることである。

事実として、民主主義国家内では市民戦争が起きることはほとんどなく、また民主主義国家間でも戦争がきわめて生じにくい。これは、民主主義がすべての人間が参加できる開かれた対話を基礎にした社会であることから来ている。哲学対話が民主的な社会の構築に資するとすれば、それは平和の構築にも資するはずである。

しかし対話と平和の関係は、さらに緊密である。子どもの哲学の第一の意義は、真理を探求する共同体に誰をも導き入れ、互いが互いの声を傾聴し、自分を変える準備をしながら対話を行うことにある。これは戦争を止める最後の平和的手段なのだ。対話は、平和を作り出し、それを維持する条件だからである。対話とは、国際社会に見られるように、戦争を回避するための手段である。また、平和は対話を行うための条件である。平和とは対話できる状態のことであり、対話することが平和を保証する。対話において、人は互いの差異によって同じ問いに結びつく。話し合えない人として特定の「非合理な」他者を対話の相手から外していくことは、もはや互いに互いを変化させる契機を失うことである。自らを変化させることのない人々の間には、妥協以外には、争いの可能性しか残されていない。平和とは、人々が対話できる状態だと定義できるだろう。

したがって、対話の文化を構築することとは平和構築に他ならない。対話は、戦争を、互いに結びついた差異へと変換する。対話すること、しかも誰もが参加できるもっとも広いテーマによって哲学的な対話をすることは、子どもの教育にとって、読み書き算盤よりも先に、もっとも優先すべき必須の活動である。読み書き算盤は、平和でなければ学べないからである。読み書き算盤といった日常生活の基本的スキルは、日常生活が成り立ってはじめて役に立つ。

しかし平和構築においては、対話を持続することと同じほど、対話を開始することが重要である。本章の冒頭のエピグラフでリンギスが指摘したように、対話する相手を限ってしまうことは、その外部に敵をつくることに結びついていく。ここでも同じ問題が生じてくる。対話を拒否する者、対話の中に入ろうとしない者に対して、どのように対話のなかに誘っていくのか。ここにこそ平和教育の最大のポイントがある。学級で対話を行えば、学校という制度を利用して、形式的には全員の参加を促すことができるだろう。しかし対話は、そうした制度による一種の強制によらずに、すべての人に参加を促し、対話の輪を広げ、そこで誰もが話しやすいルールを生成し、共通の問いについて論じ合う自律的な過程である必要がある。この過程を子どもたちが学ぶこと、教室の中だけではなく、教師や家族、地域の人々とさまざまなテーマで語り合う機会をもてること、これこそが平和構築としての教育につながることだろう。

対話的な教育は、民主教育の基礎であり、平和の基礎である。生き方としての民主主義は、対話によって、とりわけ公共に開かれた哲学的な対話によって陶冶される。子どもの哲学とは平和の構築の実践であり、平和への準備である。ユネスコは、一九九五年の「哲学のためのパリ宣言[66]」のなかで中等教育レベルでも哲学教育を推進し、さらに包括的なカリキュラム開発を行うよう各国政府に求める政策勧告をしている。それは、平和教育という観点からも妥当なことである。

私は、結論として、学校がある国と地域では子どもの哲学は必修化すべきであり、そして学校のない国と地域では、子どもの哲学を草の根で実施すべきであると考える。

(66) UNESCOの関連ライブラリーを参照のこと。https://unesdoc.unesco.org/search/N-EXPLORE-fac0840b-1d4d-4174-897c-7f4c05b3ae80

あとがき

筆者は、十数年にわたって哲学対話の実践を行ってきた。当初は、科学と市民、専門知識と社会との関係に関心があったことから、サイエンスカフェや哲学カフェに参加するようになり、自分でも実施するようになった。現在の本務校では教育学科に所属しているため、哲学対話を子どものために、子どもとともに行う「子どもの哲学」を実践するようになったが、これは筆者には驚くべき豊かな経験をもたらした。私たちが一般に、子どもの能力をいかに低く見積もっているかについては、それを「差別」という言葉を当てはめるのが適当だとさえ思うようになった。子どもとの対話は、筆者の哲学的な発想を柔軟にして、さまざまな問題意識をもたらしてくれた。

二〇一六年からは、東北の震災被災地区である岩手県の陸前高田市や山田町、宮城県気仙沼市において、環境体験と絡めた子どもの哲学、あるいは、地方創生をテーマとした多世代の哲学対話を行った。ここでの対話は、学問の普遍性についての本格的な疑問を筆者にもたらした。おそらく哲学には故郷のようなものがあり、どこでもいつでも当てはまる認識などを嘯《うそぶ》く立場は、植民地主義的な傲慢の罪を犯しているのである。本書は、以上の実践から生まれた問いを哲学的に考察したものである。

本書の基本的な構想は、二〇一八年度下半期に本務校からいただいた研究休暇中にまとめられたものである。また、以下の日本学術振興会科学研究費助成事業の支援を得た研究成果の一環である。

・新学術研究領域（研究領域提案型）「トランスカルチャー状況下における顔身体学の構築――多文化をつなぐ顔と身体表現」領域代表者：山口真美（中央大学）、計画班「顔と身体表現の比較現象学」（17H06346）研究代表者：河野哲也

・基盤研究（A）「生態学的現象学による個別事例学の哲学的基礎付けとアーカイブの構築」（17H00903）研究代表者：河野哲也

右で述べた実践は、非常に多くの方たち、とくに対話に参加してくれたお子さんたちの協力なくしてはありえなかった。一人ひとりのお名前をあげることはできないが、ここに深い感謝の意を表したい。

二〇一九年八月

河野哲也

河野哲也
1963年生まれ．立教大学文学部教育学科教授．慶應義塾大学大学院文学研究科後期博士課程修了．博士(哲学)．専門は哲学，倫理学，教育哲学．NPO法人「こども哲学・おとな哲学 アーダコーダ」副代表理事．著書に『レポート・論文の書き方入門 第4版』(慶應義塾大学出版会)，『じぶんで考えじぶんで話せる――こどもを育てる哲学レッスン』(河出書房新社)，『道徳を問いなおす――リベラリズムと教育のゆくえ』(ちくま新書)，『意識は実在しない――心・知覚・自由』(講談社選書メチエ)，『境界の現象学――始原の海から流体の存在論へ』(筑摩選書)，『間合い――生態学的現象学の探究』(東京大学出版会)ほか．

人は語り続けるとき、考えていない 対話と思考の哲学

2019年10月24日 第1刷発行
2023年12月15日 第4刷発行

著 者 河野哲也《こうのてつや》

発行者 坂本政謙

発行所 株式会社 岩波書店
〒101-8002 東京都千代田区一ツ橋2-5-5
電話案内 03-5210-4000
https://www.iwanami.co.jp/

印刷・理想社 カバー・半七印刷 製本・牧製本

ISBN 978-4-00-024539-5 Printed in Japan